Jürgen König

Wahnsinn
Paris — Dakar
Die härteste Rallye der Welt

Rasch und Röhring Verlag
Hamburg—Zürich

Bildnachweis:
Die Farbaufnahmen stammen von den deutschen Bildjournalisten W. Herget und R. Klein und ihren französischen Kollegen P. Aventurie und Th. Rannou.

CIP-Kurztitelaufnahme der Deutschen Bibliothek

König, Jürgen:
Wahnsinn : Paris — Dakar, d. härteste Rallye d.
Welt / Jürgen König. - 2. Aufl. - Hamburg:
Rasch und Röhring, 1984.
   ISBN 3-89136-002-9

Inhalt

Prolog

Was ich bis zu jenem Abend, als alles anfing, über Rallyes wußte, war zugegebenermaßen dürftig. Mir war zwar klar, daß es sich bei »dem Röhrl« nicht um ein im bayrischen Sprachgebrauch verniedlichtes, über die Längsachse zusammengebogenes Stück Blech, sondern um einen großen Rallye-Piloten aus Regensburg handelt. Wenn von »der Mouton« die Rede war, die bei einem Rennen zu Schaden kam, mutmaßte ich natürlich nicht, daß etwa ein französischer Hammel auf der Strecke geblieben war. So weit reichten meine Kenntnisse: Die Mouton ist eine beherzte Pilotesse aus Frankreich und macht bisweilen dem langen Röhrl aus Regensburg das Gewinnen schwer. Zudem hatte ich dank gelegentlichen Studiums der Sportberichte in Erfahrung gebracht, daß Monte Carlo und Ostafrika, die Elfenbeinküste und Portugal von den Rallye-Veranstaltern bevorzugt behandelt werden — wegen des unguten Terrains, das sich nimmersatt an Mensch und Maschine zu schaffen macht. Wer da gewinnt, weiß, warum. Soviel wußte ich auch.

Ich will damit sagen, daß mir Rallyes eigentlich ziemlich Wurscht waren, und die Wahrscheinlichkeit, daß ich gar selbst einmal an einem derartigen Spektakel teilnehmen würde, war nicht größer als die Sorge, daß mein Obstgarten für die nächste Rallye London—Sydney als Sonderprüfung auserwählt werden könnte. Bis zu jenem Abend im Frühjahr 1983 in der »Säge«, meiner Schwabinger Stammkneipe. Vermutlich spielten wir Skat oder ein anderes Spiel, bei dem man nicht viel reden muß. So genau weiß ich das nicht mehr. Ich vermute, daß es für mich an diesem Abend schlecht gelaufen ist. Wenn nicht, wäre es ein ganz außerordentlicher Glücksfall gewesen.

Die »Säge« ist eines der letzten Überbleibsel aus der guten Schwabinger Zeit, und viele der Leute, die dort verkehren, sind auch irgendwie Überbleibsel: Schauspieler, die in der steten Hoffnung, doch noch den Durchbruch zu schaffen, grau und müde geworden sind, auch solche, die ihn geschafft haben, Journalisten, Schriftsteller, Selbstdarsteller und Bestseller, Leute vom Ballett oder von der Straße, Regisseure, die große Filme gemacht haben oder die großen immer noch im Kopf mit sich herumtragen. Zu letzteren gehörte damals auch der Münchner Peter Welz, Jahrgang 1941, Ex-Judokämpfer, Optimist aus Überzeugung, Skatspieler und Rallye-Freak.

Wir umstanden den Tresen, um die Beute aus den verlorenen Spielen zügig zu vertrinken, und näherten uns allmählich jenem Zustand, der einen entweder ganz schweigsam oder redselig macht, je nach Temperament. Peter Welz jedenfalls besann sich seiner Erlebnisse in Afrika, die erst ein paar Wochen zurücklagen. Zum zweitenmal hatte er im Januar die Rallye Paris—Dakar begleitet, und seit drei Jahren verzückte ihn die Idee, über dieses Mordsspektakel einen Film zu drehen. Einen großen Kinofilm mit Schauspielern, eigenem Hubschrauber und allem Drum und Dran.

»Ein Wahnsinn«, hob Peter Welz an und nahm damit das Resümee der »Paris—Dakar« gleich vorneweg. Ich werde wohl genickt haben oder sonst was, denn was hätte ich auch sagen sollen? Man übertreibt gerne, dachte ich, wenn man mit einer Idee erst mal allein dasteht und sie anderen schmackhaft machen will. Doch wieso sollte ausgerechnet ich auf den Geschmack kommen? »Da fahren auch Lastwagen mit, und das ist das Tollste überhaupt«, fuhr Peter Welz unbeirrt fort.

»Lastwagen?« Ich wurde neugierig. Der Rallye-Fan hatte mich an einem Punkt erwischt, wo es mit der Gleichgültig keit vorbei war. Er wußte, daß ich meiner Fernfahrerzeit vor beinahe zwanzig Jahren immer noch ein bißchen hinterherträumte, er wußte auch, daß ich mich im Jahr 1979 für ein

8

großes deutsches Magazin in einen Truck gesetzt hatte, um die berüchtigte »Route de l'Uranium«, die Uranstraße, in der Republik Niger abzureiten.

Was mich plötzlich wach und hellhörig machte, war nicht die Rallye Paris—Dakar, die über 12 000 Kilometer durch sieben afrikanische Staaten fegt. Mich machte die Idee an, am Steuer eines Lastwagens die Sahara zu durchqueren. Das wäre ein Ding!

Mehr an diesem Abend darüber zu reden war nicht nötig. Ich hatte Feuer gefangen, bezahlte meine Zeche und kühlte mein Mütchen bei Minusgraden auf dem Weg zum Auto. An der Windschutzscheibe klebte ein steifer Strafzettel, ich ließ ihn kleben.

Am nächsten Tag war mir pflaumenweich zumute. Der Alkohol hatte zwar mein vorabendliches Wohlbefinden, nicht aber meine Erinnerung an das Gespräch mit dem Regisseur Welz beeinträchtigt. Und nie wieder würde ich in einem derart angekratzten Zustand Auto fahren. Natürlich nicht . . .

In den kommenden Monaten saßen wir noch oft in der »Säge« zusammen, und jedesmal wurde ich gieriger, von Peter Welz neue Erfolgsmeldungen über das Filmprojekt zu erfahren. Mit Spannung hörte ich vom wachsenden Interesse möglicher Geldgeber; nur eines war uns beiden noch nicht so recht klar: Angenommen, der Film würde gemacht, was hätte i c h dabei zu tun?

Ein Dreh, wie ich in einer etwaigen Produktion sinnfällig zu verwerten wäre, fand sich alsbald. Peter Welz dachte mir die Rolle eines Journalisten zu (was so weit hergeholt ja gar nicht war), der im eigenen Lkw die Rallye mitfährt, um hautnah über das Spektakel berichten zu können. Das gefiel mir. Eines Tages im Herbst tauchte Peter Welz mit einem gewissen Jürgen Bretzinger bei mir auf. Die Rallye Paris—Dakar hatte ich zwischenzeitlich fast vergessen, da es in den letzten Monaten

9

um die Filmpläne recht ruhig geworden war. Nun waren die beiden bei mir, um mich an ihrer kaum zu zügelnden Euphorie teilhaben zu lassen. Es gab ein Konzept, und — was noch wichtiger war — Peter Welz hatte rund 1,4 Millionen Mark aufgetrieben. Was schwer genug gewesen war, da sich niemand so recht vorzustellen vermochte, wie in die Hektik einer Rallye eine geschriebene Spielhandlung einzubauen wäre.
Es sollte also laufen: Jürgen Bretzinger würde die Regie übernehmen. Der Württemberger hatte Wüstenerfahrung, dortselbst auch schon einen Film gedreht (»Meer ohne Wasser«) und genoß das Vertrauen von Peter Welz, der als Produzent die organisatorischen und finanziellen Dinge deichseln würde. Darsteller gab es auch schon. Als Protagonisten waren die Münchner Schauspielerin Iris Berben, leidlich bekannt aus der Ulk-Serie »Die himmlischen Töchter«, und der Wiener Hanno Pöschl (»Der stille Ozean«) verpflichtet worden. Den Namen Sascha Disselkamp kannte ich bis dato nicht, habe ihn auch nach der »Paris—Dakar« fast wieder vergessen. Es wird von ihm später noch die Rede sein. Mir würde die Aufgabe zuteil, einen Lastwagen mit dem gesamten Kameraequipment halbwegs schadlos bis Dakar zu steuern. Zudem sollte ich hin und wieder als Trucker, dessen Hilfsbereitschaft im Feld der Kaputten und Erschöpften grenzenlos ist, für Spielszenen zur Verfügung stehen.
Das klang alles sehr gut, und als wollten sie mir noch eine allerletzte Chance einräumen, doch noch abzuspringen, schilderten Welz/Bretzinger die Rallye in den düstersten Farben. Der Wechsel von Hitze und Kälte sei kaum erträglich, Wasser könne knapp werden, Essen auch, mit Pannen in trostlosen Gegenden sei zu rechnen, mit rascher Hilfe dagegen nicht, und in Schwarzafrika hätte der Spaß endgültig ein Ende, wenn Flüsse gequert und tropische Urwälder durchfahren werden müßten. Von Moskitos und anderem Getier wolle man erst gar nicht reden.

10

Na gut. Schlimm hatte ich mir das Ganze ja vorgestellt, aber gleich so schlimm? Sei's drum. Am nächsten Morgen ging ich erst mal in die Sauna, um mir die Rosinen aus dem Kopf zu schwitzen.

Welz/Bretzinger hatten noch knapp vier Monate Zeit, um das Unternehmen »Off road« — so der Arbeitstitel des Films — vorzubereiten. Derweil dachte ich zum wiederholtenmal: »Ist es nicht wunderbar, frei zu arbeiten, nicht angestellt zu sein? Da kann man sich vier Wochen in etwas ganz Verrücktes verkrümeln, und ein paar Dukaten gibt's dafür auch noch.« In den Wochen vor der Rallye war ich mit meiner Berufswahl wieder mal sehr zufrieden.

Im November lernte ich einen gewissen Herrn Pfeffer kennen. Herr Pfeffer ist Leiter der Fahr- und Vorführabteilung von M.A.N. Er hatte Order von oben, unser Filmprojekt zu unterstützen. Sehr glücklich schien er darüber nicht zu sein, da er in den zurückliegenden Monaten bereits drei Service-Lkws für Porsche und BMW rallyefertig zu machen hatte. Und nun kamen wir auch noch daher, auf den letzten Drücker quasi. Eine Woche vor Weihnachten standen zwei Lkws auf dem Hof, aufgemöbelt mit Zusatzscheinwerfern, Nebelleuchten, einem Überrollkäfig rund ums Führerhaus, Sportsitzen und Sicherheitsgurten. Dazu hatten die M.A.N.ler auf jeden der 240 PS starken Allrad-Trucks einen 400-Liter-Zusatztank montiert.

Am 28. Dezember 1983, morgens um drei Uhr, formierte sich unser Konvoi in der Gabelsbergerstraße in München: zwei 15-Tonner-Lkws, ein Toyota-»Land Cruiser«, ein Datsun-»Pickup«, ein Ford-»Transit«-Allrad und zwei brandneue BMW-Motorräder, die auf den »Pickup« und meinen Lkw verladen worden waren.

Nieselregen perlte an den Windschutzscheiben. Ich war froh, diesem miserablen Winter zu entkommen.

»Tout Paris« im Rallye-Fieber

Paris im Winter ist eine Zumutung, für mein Empfinden jedenfalls. Schnee läßt sich nicht mal ahnen, eher schon Regen. Paris ist grau, und die grauen Fassaden der Häuser verschmelzen nahtlos mit dem grauen Himmel. Warum beklage ich mich? Ich stehe, das heißt, ich sitze über den Dingen in der Kabine meines Lastwagens und gleite, wie in einer Sänfte getragen, durch das Gewurle der Rush-hour. Und außerdem: In ein paar Tagen werden wir afrikanischen Boden unter uns haben und die Sonne über uns.

Wir boxen uns mit unseren aufgedonnerten Autos über verstopfte Kreuzungen; die meisten machen uns Platz, auch wenn die Ampel bereits Rot zeigt. In den Tagen vor dem Start der Rallye sind auch die Polizisten gnädig. Regelwidrigkeiten wischen sie weg mit der Geste wohlgesonnener Kumpel. Wer nach Dakar fährt, hat Narrenfreiheit. »Bonne chance«, jubeln Kinder auf den Trottoirs. Zum Dank bläst ihnen unser M.A.N.-Truck eine häßliche Dieselwolke ins Gesicht.

Jedes unserer fünf Fahrzeuge ist mit CB-Funk ausgestattet. So schaffen wir es halbwegs, unseren Konvoi zusammenzuhalten. Peter Welz, der Regisseur, und Jost Capito fahren im »Pickup« voraus, dirigieren die anderen bis zum »Place de la Concorde«. Da müssen wir rüber, dann über die Seine und gleich rechts, am linken Ufer entlang.

In unserer Kabine ist immer noch ein bißchen Weihnachten. Es duftet wechselweise nach Plätzchen und Christstollen. Günter Knon, der 25jährige Kameratechniker aus München, verteilt das süße Zeug an mich und Sigi Meier, unseren dritten Mann auf dem Bock. Sigi, 35 Jahre alt, ist Kameramann und kommt aus der Schweiz. Manchmal stecken drei Hände gleichzeitig in der Plastiktüte und grapschen nach Backwerk, als wär's das letzte Mal. Bald wird es

12

Dosenbrot geben, Dörrobst und glibberige Puddingpampe, drei Wochen lang. Unter meiner Latzhose dehnen sich noch 105 Kilo Lebendgewicht. Die werden sich wundern.

Vom »Place de la Concorde« aus sind es noch kanpp zehn Minuten Fahrt bis Hinterhof-Paris. Da müssen wir uns melden, auf einem Areal von gut drei Hektar, das der Automobilfirma Citroën gehört. Die Straßen werden enger, münden in Gassen, die haushohes Backsteingemäuer säumt. Dahinter muß es sein. Wir spähen nach einem Loch in der Mauer, das groß genug wäre, um mit unserem Brummi durchzukommen. Es gibt keines. Also noch mal rum um den ganzen Kreisel. Auf der gegenüberliegenden Seite des Gevierts hört die Mauer auf. In unserem Funkgerät schnarrt die Stimme von Peter Welz: »Pickup an alle. Wir haben das Loch, wo wir reinmüssen. Fahrt einfach hinter mir her. Ende.« Im Rückspiegel sehe ich Rudi Lechner, den M.A.N.-Werkfahrer, der unseren zweiten Lkw steuert. Er hängt mir schon fast auf den Rücklichtern.

In Hinterhof-Paris werden die höheren Weihen vergeben. Der technischen Abnahme muß sich jedes Fahrzeug unterziehen, das sich in den Troß der Abenteuerhungrigen einreiht. Ein Zelt wurde in den Tagen zuvor aufgebaut, größer als das des Zirkus Krone. Unter dem Zeltdach sind sechs hydraulische Hebebühnen installiert, auf denen die Autos zum großen Check-up in die Höhe gehievt werden. Nach erfolgreicher Untersuchung wird eine Plakette auf die Karosserie geklebt, die besagt, daß du am Start dabeisein darfst. Eine Plakette, die garantiert, daß du auch am Ziel, in Dakar, ankommst, gibt es nicht.

Ich habe den Schwanz der Lkw-Schlange erreicht, deren Kopf im Dämmerlicht des Zeltes steckt. Ich trete auf die Motorbremse. Die 240 PS vergluckern wie ein absaufender Fels. Etwa 15 Lastwagen stehen vor mir. Es wird wohl Nacht werden, bis wir dran sind.

Es wird auch Nacht, aber wir kommen nicht dran. »Die vom Film«, heißt es, brauchen keine technische Abnahme, weil sie ja ohnehin nicht in der Wertung mitfahren. Das sagt man uns, nachdem wir uns bereits vier Stunden lang in der Kälte herumgetrieben haben. Seit 17 Stunden sind wir unterwegs, und etwas Warmes möchte der Magen haben, was Handfestes aus der weltberühmten französischen Küche. Keine Sandwiches und Pulverkaffee. Ich bin da noch anfälliger als die anderen aus unserer Mannschaft, und wenn ich nichts Ordentliches zu essen kriege, werde ich ganz ekelhaft. Diese Tatsache läßt für die Rallye, wo Einfachheit und Kargheit auch vor den Töpfen nicht haltmachen, Allerschlimmstes befürchten.

Vor der Zelteinfahrt sind Seile gespannt. Polizisten stehen herum und passen auf, daß keiner, der dort nichts zu suchen hat, dort auch nichts sucht. Ich suche etwas, nämlich den Regisseur Jürgen Bretzinger, was der Polizist, an den ich gerate, aber nicht gelten läßt, da ich noch keine Legitimation habe, die mich als Rallye-Teilnehmer ausweist. Die Legitimation hat vermutlich Bretzinger, und der ist drinnen. Ich möchte mir gern die drei allradgetriebenen Porsche anschauen, sage ich zu dem Polizisten. Die stehen nur etwa fünf Meter vom Zelteingang entfernt, inmitten einer Traube von Menschen, die allerdings schon ihre Legitimation haben. »Tut mir leid«, sagt der Polizist, oder so etwas Ähnliches, und deutet dabei auf sein Handgelenk. Da ist nichts, aber bei den »Legitimierten« erkenne ich an den Handgelenken rote Plastikarmbänder. Das ist der Ausweis, der einem den Weg frei macht zu Porsche, Bretzinger, zu den Hebebühnen und zu einer ordentlichen Suppe, die es drinnen im Restaurant gibt. Ich komme mir vor wie der letzte Arsch, der zwar einen der größten Brummis chauffiert, was aber nicht zählt, weil ich kein Plastik am Handgelenk trage. Am liebsten würde ich jetzt unheimlich sauer werden, doch

14

ich gebe mir einen Ruck und bleibe ganz cool. Wie meine Füße, die mir da schon einiges voraus haben, weil sie in mittlerweile gefrorenen Turnschuhen stecken.

Ich tappe ein wenig ziellos durch angeeisten Schlamm; es schmatzt unter den Sohlen. Nicht weitab wird bayrisch geflucht. Der Lichtkegel einer Taschenlampe tanzt an der Plane eines mächtigen M.A.N.-Vierachsers entlang. »Rothmans« steht drauf und darunter »Porsche«, und ganz unten nörgelt Hans Obermaier, der Werkfahrer, den ich schon in München kennengelernt habe. Er kniet vor Achse Nummer drei und müht sich, ein mit Lappen umwickeltes, gläsernes Behältnis am Rahmen zu befestigen. Es ist eine Flasche »Augustiner Edelstoff«, Bier aus seiner Heimatstadt München, an der er sehr hängt, und wenn er in Dakar ist, möchte er sich in Ruhe das Fläschchen gönnen. Afrika, der Wechsel von Kälte und Hitze, angereichert mit den Erschütterungen von 12 000 Kilometern Piste, werden das Bierchen zweifellos zu einem »außergewöhnlichen« Jahrgang reifen lassen. Pfui Teufel!

Hinten ist die Plane aufgeklappt. Die Ladefläche wurde zu einer kompletten Werkstatt mit Ersatzteillager umfunktioniert: auf Hochglanz lackierte Karosserieteile, Dutzende von Reifen, Motoren- und Getriebeequipments, Werkzeug im Überfluß, drei Schweißgeräte, Stromaggregate. Porsche möchte die Rallye Paris—Dakar gewinnen, das sieht man. Dahinter ein zweiter Porsche-M.A.N., eine Nummer kleiner, nicht minder perfekt ausgerüstet. Porsche m u ß die Rallye Paris—Dakar gewinnen, so lautet die Order.

Am Schwanzende der Lkw-Schlange steht ein gelbes Ungetüm im Dreck. Der DAF sieht aus, als sei er von seinem Schöpfer im Vollsuff gebaut worden — oder aber von einem äußerst fintenreichen Pfiffikus. Denn nicht nur die Frontpartie ist, wie bei Kraftfahrzeugen üblich, mit einem Führerhaus versehen; eine fast identische Kabine wurde auch ans

Heck montiert. Doch Jan De Rooys Verrücktheit hat Methode, die ihm in der Lkw-Wertung zum Sieg verhelfen soll. Unter die Heckkabine wurde ein zweiter Motor eingebaut, auch 440 PS stark. Die technische Abnahme steht dem Holländer noch bevor, und da werden die staunenden Ingenieure notieren: Motorleistung: 880 PS; Beschleunigung von null bis hundert: zehn Sekunden; Spitzengeschwindigkeit: 175 km/h. Natürlich wird Jan De Rooy problemlos mit seinem DAF die technische Abnahme schaffen. Von Exoten wie diesem lebt schließlich die Rallye. Die Kameraaugen der Journalisten werden ihn neugierig verfolgen, was den Sponsoren wiederum angenehm ist, weil ihre Produktaufkleber auf diese Weise ins rechte Licht gerückt werden.

Die Porsche drinnen im Zelt machen einen Höllenlärm, und die Polizisten am Absperrseil kriegen ganz lange Hälse, weil sie doch auch etwas mitbekommen wollen. Vielleicht kann man inmitten der Menschentraube die Porsche-Piloten Jacky Ickx oder René Metge erspähen. Ich nütze die langen Polizistenhälse und schlüpfe keck unter dem Seil hindurch. Schon bin ich drin. Es ist angenehm warm, und von meinen Turnschuhen läuft der Dreck in kleinen Bächen. An einer Hebebühne wird gerade beanstandet. Der Fahrer eines Mercedes-Geländewagens trommelt mit beiden Fäusten auf eine der zwei Nebelschlußleuchten. Jedes Auto muß zwei funktionierende Nebelschlußleuchten haben, auf den staubigen Pisten Afrikas oft das einzige Warnsignal für nachfolgende Fahrzeuge. Die Faustschläge zeigen Erfolg, die Lampe leuchtet grellrot. Mit flinken Händen pappt der Ingenieur die Abnahmeplakette an die Windschutzscheibe. Der nächste, bitte!

Diese benzinmuffige Werkstattatmosphäre zieht mich nicht in ihren Bann wie viele andere, die mit tellergroßen, rallyesüchtigen Augen herumlaufen, als wetze ihnen schon jetzt der Sand der Ténéré die Bindehaut.

Für meinen Geschmack verströmt dieses Zelt ein Fluidum-
gemisch aus Technischem Überwachungsverein und billi-
gem Jakob. Denn drüben, wo die spanischen Wände beginnen und die Stände der Sponsoren und Organisatoren in
kleine Kabuffs zerteilen, werden zentnerweise Aufkleber
verteilt. Da gibt es solche, die man aufkleben m u ß , weil
sie die Produkte und Namen der Rallye-Organisationsspon-
soren repräsentieren, und solche, die man doch bitte schön
aufkleben sollte, weil sie im Design so gelungen sind und in
ihrer knalligen Schlichtheit jeder Karosse gut zu Gesicht
stünden.
Daß dies alles so läuft und wohl auch so laufen muß, wenn
man kommerziell Großes vollbringen will, ist dem Erfinder
und Organisator der »Paris—Dakar«, Thierry Sabine, zuzu-
schreiben, einem mittlerweile 36jährigen Hansdampf in
allen Gassen, den zu beschreiben später noch Zeit sein wird.
Im »Fiche d'Engagement CAMIONS« beispielsweise, dem
Anmeldeformular für Lastwagen, langt Monsieur Sabine
in die vollen. Allein das Startgeld für einen Lkw beträgt
25 000 Francs, etwa 8300 Mark. Pro Fahrer kommen noch
je 5000 Francs (ca. 1600 Mark) dazu, macht noch mal rund
4800 Mark, da jeder Brummi mit drei Fahrern bestückt sein
muß. Wer jedoch nicht willens ist, die Plakette der sieben
Sabine-Sponsoren auf sein Fahrzeug zu kleben, wird harsch
»bestraft«. Er bezahlt anstatt der 25 000 Francs 50 000
Francs Startgeld. Ich habe keinen gesehen, der sich diesem
Werbezwang entzogen hat.
Ich kenne kein Hotel, in dem ich mich jemals so richtig wohl
gefühlt hätte. Auch das Pariser »Sofitel«, eine Bleibe der
Luxusklasse, in der wir die letzten drei Tage bis zum Start
der Rallye verbringen, macht da keine Ausnahme. Der Rie-
senkasten ist bis aufs letzte Bett ausgebucht, weil es vieler-
orts als ganz besonders chic gilt, Silvester an der Seine zu
verbringen. Mein Zimmer ist ganz angenehm, und so ziehe

ich es vor, mich nach einem miserablen Nachtmahl im Hotel-Restaurant ins Bett zu verziehen. Die anderen liegen schon in den Federn oder holen sich die nötige Bettschwere an der Bar.

Beim Frühstück tags darauf herrscht gedämpfte Stimmung an den Tischen unseres Filmteams. Die Ursache ist noch nicht auszumachen, doch hat es den Anschein, als seien sich Peter Welz, der Produzent, und Jürgen Bretzinger, der Regisseur, in die Haare geraten. Wie sich alsbald herausstellt, beginnt die Rallye für unsere Mannschaft unter schlechten Vorzeichen. Welz möchte einen Spielfilm mit dokumentarischen Schwerpunkten machen, Bretzinger hängt am reinen Spielfilm, was sein gutes Recht ist, weil er ja für einen Spielfilm verpflichtet wurde. So also ist Kino, denke ich. Man fährt erst mal los und denkt dann darüber nach, was für einen Film man machen will.

Für mich gibt es an diesem Tag mehr zu tun, als auf besseres Wetter im Team zu warten. Wir müssen unseren M.A.N. noch fein machen, mit Werbung bekleben, wie Herr Sabine es befiehlt. Günter Knon, zweiter Mann auf dem Bock, geht mir dabei zur Hand, das heißt, er nimmt mir immer etwas aus der Hand, weil er ganz offensichtlich jener Gattung Mensch angehört, die ihr Defizit an Körpergröße durch beharrliche Besserwisserei auszugleichen versucht. Aufkleber sind für mich eigentlich kein Thema. Für den Knon schon.

Er: »Du mußt den gelben auch neben die Tür kleben.«
Ich: »Wieso?«
Er: »Wie auf der anderen Seite, neben der Tür!«
Ich: »Und den blauen, häßlichen?«
Er: »Der muß nach vorn an die linke Bordwand, weil der andere auch vorn an der rechten Bordwand klebt.«
Herrgott! Darf das wahr sein? Was macht der Kerl denn, wenn es mal um wirklich wichtige Dinge geht? Ich klebe die

18

Dinger also genau dahin, wo sie sich Herr Knon, der im Stehen nicht viel größer ist als ich im Sitzen, so sehr wünscht. Ich beschäftige mich gleich mit dem Ankleben der Startnummern, über deren Plazierung es nichts zu diskutieren gibt. Die »550« gehört an die beiden Türen, basta. Aber wenn er könnte, würde mir der kleine Oberpfälzer wohl auch da noch quengelnd über die Schulter schauen.

In Ermangelung von Parkplätzen rund um das »Sofitel« hat uns die Hoteldirektion gestattet, die beiden M.A.N. in der Hotelauffahrt zu parken. Wagen der oberen Luxusklasse kommen da nicht mehr vorbei. Was niemanden stört. Da läuft man halt entgegen sonstiger Gewohnheit ein paar Schritte und schaut sich in Ruhe die beiden aufgemöbelten Brummis an. Es scheint, als fänden es alle unheimlich toll, was wir vorhaben. Damen im Nerz, bis zur Unerträglichkeit aufgehübscht, die einen Lastwagen allenfalls dann beachten, wenn er ihrem Feinkosthändler frische Austern ankarrt, tun interessiert, lächeln uns zu und wünschen viel Glück. Herren in Kamelhaarmänteln, den sanften Griff ums Edelvolant ihrer Luxuslimousinen gewöhnt, bitten artig um Einblick ins Brummi-Cockpit. Verrückt! Die Rallye hat sie alle im Bann!

Einer steht da, kopfschüttelnd und spröde lächelnd, als wolle ihm das alles nicht so recht in den Sinn. Rudi Lechner, 45 Jahre alt, ein fröhliches, unkompliziertes Energiebündel, Münchner von Geburt und Bayer aus Überzeugung, macht unseren zweiten M.A.N. rallyefein. Rudi ist Profi, verdient sein Geld als Testfahrer und Mechaniker. Einen Teil des Jahres ist er mit Lastwagen größten Kalibers in Nordafrika unterwegs, um den Arabern zu zeigen, was die Trucks aus München in unwegsamem Gelände zu leisten vermögen. Um seine Aufgabe im Filmteam beneidet ihn keiner. Rudi hat seinen Truck aufgepackt bis unter die Plane. Und mittendrin steht, gut verschraubt und verspannt, ein 4000-

Liter-Kerosin-Tank. Ab Algier wird sein M.A.N. als mobile Tankstelle für unseren Hubschrauber aus München unterwegs sein, den Peter Welz für Luftaufnahmen angeheuert hat. Ich würde mich schön bedanken, hätte man mir diesen »Lohn-der-Angst«-Job aufs Auge gedrückt, zumal noch ungewiß ist, wie die Grenzsoldaten in Algerien, im Niger oder in Obervolta reagieren. Übrigens, Rudi, in Obervolta ist zur Zeit ein bißchen Bürgerkrieg.

Während wir uns im Freien die Finger klammfrieren — es ist inzwischen knapp unter Null —, macht sich in einem Séparée der Hotelhalle Unruhe breit. Da hat sich unser Filmteam eingenistet und beratschlagt. Stimmungsmäßig hat sich im Vergleich zum Frühstück nicht viel getan. Ich setze mich auf eines jener Sofas, die zuhauf in der noblen Hotelhalle herumstehen und deren rötliche Bespannung nach teurem und exklusivem Leder aussieht, aber keines ist. Das merkt man nach ein paar Minuten, wenn der Hintern allmählich feucht wird. Ich mag kein Plastik und wechsle auf eine breite Stuhllehne; die ist wenigstens aus Holz.

Peter Welz sieht auf die Uhr, als wolle er abwägen, wann das nächste Unheil zu erwarten sei, obwohl es für diesen Tag bereits genug sein müßte. Vor einer knappen Stunde nämlich hat er einen heftigen Schlag auf den Kopf bekommen, als er unmittelbar hinter unserem Toyota die geöffnete Schranke an der Tiefgaragenauffahrt passierte. Als der Toyota durch war, klappte die Schranke blitzschnell nach unten und machte auch vor Welz' Kopf nicht halt. Und da der Holzbalken ausgerechnet jene Stelle traf, wo sich bereits deutliche Kahlheit breitmacht, platzte die Kopfhaut wie ein Bratapfel.

Jetzt sitzt er da, noch einigermaßen belämmert, umgeben von Jürgen Bretzinger, den Kameraleuten, Tontechnikern und den beiden Schauspielern Hanno Pöschl und Sascha Disselkamp. Man möchte über die alsbald beginnenden

Dreharbeiten reden, auch wenn Peter Welz im Augenblick nicht in allerbester Verfassung ist. Aber noch ist man nicht komplett, was zusätzlich üble Laune macht. Die Protagonistin fehlt — und das schon über Gebühr lange. Angeblich war sie gestern schon mal im Hotel; da waren wir aber noch nicht da. Nun ist es inzwischen weit nach Mittag, und da man am Abend bereits mit dem Drehen anfangen will, hängt über allem die drängende Frage: »Wo ist Iris?« Ohne Iris geht nichts. Schließlich spielt sie die Hauptrolle in unserem Film. Vorausgesetzt, es wird ein Spielfilm, was zu diesem Zeitpunkt immer noch nicht zweifelsfrei geklärt ist.

Hanno Pöschl, 35, der Wiener, dem Kenner eine achtbare Schauspielerkarriere voraussagen, schmollt. Er fühlt sich in die Ecke gestellt, unter Wert behandelt, in seinem Anspruch mißachtet. Schließlich hat er schon mit Faßbinder gearbeitet, und da möchte man dann bitte schön auch gestreichelt werden. Es wird Spätnachmittag, und Iris ist immer noch nicht da.

In der Hotelhalle herrscht Rallye-Atmosphäre. Jochen Mass, ehemaliger Formel-1-Pilot und Debütant im Rallye-Geschäft, durchmißt im Schlenderschritt ziellos die Halle. Sein Gesicht ist sonnengebräunt, bis vor kurzem hat er hart in der Sahara trainiert. Er ging sogar eine Woche lang verloren, was die besorgte Anteilnahme aller deutschen Boulevardzeitungen zur Folge hatte. So ist der nette Jochen schon im Gespräch, bevor's richtig losgeht. Auch sein Sponsor wird heilfroh sein, daß Jochen wieder da ist, denn keiner trägt die mit Plaketten dicht bei dicht gepflasterte Jacke lässiger und werbewirksamer als er. Daß er sich in einem Edelcoupé der Firma Benz, das nahtlos asphaltierte Straßen liebt, auf die rauhe Piste wagt, wird zwar von Experten als Mass-loser Optimismus gewertet, sorgt aber für zusätzliche Publizität.

Nebenan, durch spanische Wände gegen unwillkommene

Lauscher abgeschirmt, steckt die Porsche-Mannschaft die Köpfe zusammen. Die sitzen nicht nur einfach so da. Es wird richtig gebüffelt, als gelte es, der gesamten Automobilwelt ein Schnippchen zu schlagen, auch dem letzten zu zeigen, wo Weissach liegt. Die Favoriten sind da: Jacky Ickx mit seinem Navigator Claude Brasseur (Schauspieler), René Metge, der wie Ickx die Rallye Paris—Dakar schon einmal gewonnen hat, Roland Kussmaul, Fahrer des dritten Porsche und Top-Ingenieur im Weissacher Werk, und die sechs M.A.N.-Fahrer, die Packesel, die für den Service zu sorgen haben. Dazu die halbe Administration von Porsche-France. Alle tragen sie brav die kurzärmeligen, weißen Hemdchen ihres englischen Zigarettensponsors, als brenne ihnen schon jetzt die afrikanische Sonne auf den Pelz.

Die Herren arbeiten am Road-Book, einer filigranen, etwa fünfhundertseitigen Streckenbeschreibung mit Symbolen, Kürzeln, Zeichnungen und Warnungen, die auf den Meter genau die 12 000 Kilometer lange Strecke zwischen Paris und Dakar zerstückelt (siehe das Beispiel auf Seite 66/67). Wer des Französischen nicht oder nur mangelhaft mächtig ist, wird sich mit Sicherheit irgendwo und irgendwann in einem Sandloch oder einem Bachbett wiederfinden, wenn ihm nicht noch Schlimmeres blüht. In englischer oder deutscher Sprache ist das Road-Book nicht zu haben, womit der Veranstalter sicher zeigen will, daß dies eine französische Veranstaltung ist.

Wir sollten auch unser Road-Book studieren, aber wir haben noch keines. Statt dessen kommt Frau Berben, das heißt, sie schwebt in die Hotelhalle, umweht von üppig drapierter Seide, gedeckte Farbkomposition, ein turbanähnliches Seidentuch um die blasse Stirn gewunden, dazu ein Lächeln, das nimmer enden will. Wir sind froh, daß Iris da ist, aber zunächst ist Jochen dran, der in der Halle immer noch Reklame läuft. Küßchen, Küßchen. »Hallo, Jochen«,

22

»Hallo, Iris«. Von »Monte« ist die Rede und wie's da unten so geht. Man müßte sich doch wieder mal . . . Die Telefonnummer ist noch die alte? Jochen Mass hat in derlei Begrüßungszeremonien Übung, das sieht man. Er macht das ganz cool. Iris ist aufgeregt, das spürt man.

Jetzt sind wir komplett. Abendessen wäre nicht schlecht, aber im »Parc fermé« auf dem »Place de la Concorde«, wo die Rallye-Fahrzeuge eingeschlossen sind, soll ja noch mit Sascha gedreht werden. Sascha, der Berliner, ist eine heiße Type: schlaksig, dünn wie ein Hering, wortkarg, immer ein bißchen beleidigt, 19 Jahre alt und zum erstenmal so weit weg von Muttern. Sascha bevorzugt schwarzes, glänzendes Leder mit vielen Nieten, und seine Hemden müssen Löcher haben, weil sie sonst nicht »echt losheulen«. Um den rechten Oberarm hat er meistens ein schwarzes Tuch geknotet, wie man es benützt, um eine arterielle Blutung zu stoppen. Doch Saschas wunde Punkte liegen woanders, aber das wird sich erst später zeigen, wenn der Wahnsinn richtig losgeht. Sascha, der eigentlich Alexander heißt, ist Gelegenheitsschauspieler. Von zwei Filmen, in denen er bislang gespielt hat, haben die »Heartbreakers« die Kinokassen tüchtig klingeln lassen. Sascha spielt darin die Hauptrolle, und das hat Jürgen Bretzinger auf die Idee gebracht, ihn für seinen Film zu engagieren. Weil er zu blond ist, hat ihn Bretzinger in München zum Friseur geschickt, der hat das Haar etwas dunkler getönt. Am Schnitt durfte nichts verändert werden, darauf hat Sascha allergrößten Wert gelegt. Er steht der Punk-Bewegung nahe, und sein zu Radieschenschwänzen gezwirbeltes Haupthaar darf nicht von Kamm oder Bürste entstellt werden. Das ist eine mündliche Vereinbarung mit Gewicht.

Also doch Spielfilm oder Dokumentarspiel oder was auch immer. Jedenfalls erklärt Peter Welz jetzt mal richtig, weshalb wir die Rallye mitfahren. Es gibt zwar kein geschriebenes Drehbuch mit Dialogen und so, aber die Story-Line ist klar: Sascha ist ein besessener Moto-Cross-Freak, der in einem Wettbewerb der imaginären Zeitschrift »Freizeit Extrem« die gesamte Konkurrenz in Grund und Boden fährt und als Hauptgewinn die Teilnahme an der Rallye Paris—Dakar einheimst. Iris Berben spielt eine Journalistin, die für das Blättchen über Saschas Abenteuer berichten soll. Hanno Pöschl begleitet Iris als Fotograf und bekommt Skrupel, je weiter sich die Rallye durch den afrikanischen Kontinent quält. Iris ist frei von Skrupeln und treibt den gepeinigten Motorradfahrer Sascha bis nach Dakar, wo er auch als letzter ankommt. Ab und zu tauche ich mit meinem M.A.N. auf, und da freuen sich die drei, weil ich meistens gerade dann komme, wenn sie Hilfe brauchen. Ich bin sozusagen der »Gute« im Film. Diese Spielhandlung soll in den unwägbaren Ablauf der Rallye eingebaut werden, und das macht die Sache gleichermaßen spannend und schwierig. Um möglichst vielfältiges und umfangreiches Dokumentarmaterial einzufangen, sind fünf Kameraleute mit von der Partie: der Münchner Peter Ambach, 47, seit fast 25 Jahren im Geschäft, der Schweizer Sigi Meier und ein Dreierteam der Pariser »Sierra Production«.

Während oben nun also doch ein Spielfilm in die Wege geleitet wird, hat sich Jost Capito, 25, in die Tiefgarage verzogen, um an unseren drei Geländewagen noch letzte Hand anzulegen. Jost, ein blauäugiger, blondschopfiger Quirl aus Neunkirchen in Südwestfalen, ist Mädchen für alles. Als angehender Diplomingenieur für Maschinenbau und Konstruktionstechnik ist er in technischen Dingen versiert wie kein zweiter im Team. Ein ganz besonderes Faible hat er für Motorräder. Zweimal war er Deutscher Junioren-Geländemeister, siebenmal Hessischer Landesmeister, und einmal war er bei der »Paris—Dakar« dabei, im Auto allerdings. Wer sich schon als junger Kerl derlei Tollheiten leisten kann, muß finanziell einiges im Kreuz haben. Das hat er auch. Karl-Friedrich, sein Vater, baut Saunen und Solarien, und dies ist in unseren kühlen Breiten ein einträgliches Geschäft. In den nächsten Wochen werde ich über den 53jährigen Karl-Friedrich, den »Capo« der Capitos, noch die wunderlichsten Dinge erfahren: daß er vor zwei Jahren die »Paris—Dakar« per Motorrad zu bewältigen versuchte, jedoch nicht am Ziel ankam; daß er mit vierzig Jahren erst anfing, unwegsames Gelände im Südsiegerland auf Cross-Maschinen abzureiten, und daß er als vorbereitendes Konditionstraining für sein Rallye-Debüt vor zwei Jahren auf dem Motorrad in einem Rutsch von Neunkirchen bis Sizilien fuhr, hinauf zum Nordkap und zurück nach Neunkirchen. Da war Karl-Friedrich 51. Für die »Paris—Dakar '84« hat er sich etwas Robustes zugelegt: einen Unimog für runde 200 000 Mark, mit dem er die Lkw-Wertung gewinnen will. Unterstützt wird er von seinem Sohn Volker, 23, und dem Mechaniker Karl-Wilhelm, 33. Natürlich hätte er gern Jost dabeigehabt, aber Jost fährt bei uns mit und erledigt die Motorrad-Stunts, wenn für Sascha das Gelände zu rauh wird oder wenn schön spektakulär gestürzt werden muß.

Inzwischen kann man bis zum Start der Rallye schon die Stunden zählen. Es ist Silvesterabend. Unsere Mannschaft sitzt, locker verteilt, an den diversen Bars des »Sofitel«. Hochstimmung will nicht aufkommen, nicht mal die Lust, sich ordentlich zu besaufen. In der Früh um vier Uhr müssen wir raus, um fünf sollen wir am »Place de la Concorde« sein, bevor uns Tausende von angesoffenen Parisern den Platz verstellen, von dem aus der Start gedreht werden soll. Rudi und ich waren soeben noch im Keller, wo die Toiletten sind. Wir haben sieben Plastikkanister zu je 20 Liter mit Leitungswasser aufgefüllt. Nun ist das Pariser Trinkwasser bekanntermaßen zwar nicht gerade vom Feinsten, aber in Afrika ist Chlorwasser aus Paris immer noch magenfreundlicher als die trübe Brühe aus irgendeinem algerischen Ziehbrunnen.

Die letzten Wochen zu Hause habe ich mich oft gefragt, wie das wohl sein wird, dieser Silvesterabend in Paris. Ob man da vielleicht noch mal richtig auf die Pauke haut. Schließlich verabschiedet man sich für drei Wochen von allem, was das Leben so angenehm macht. Und mit ein bißchen Pech werden aus den drei Wochen sechs oder mehr, wenn du irgendwo zwischen Algier und Dakar so übel auf die Schnauze fällst, daß sie dich in einem Hospital in Tamanrasset oder Quagadougou zusammenflicken müssen. Jetzt sitze ich an der Bar im »Sofitel«, kleckere an meinem Campari herum und überlege, was ich in nächster Zeit wohl am meisten vermissen werde. Ich stelle mir vor, wie wir uns jede Nacht, verdreckt, kaputt und hundemüde, in unsere Schlafsäcke verkriechen, und jede Nacht wird der Mief, der dir entgegenschlägt, wenn du den Reißverschluß aufziehst, noch strenger. Du schläfst einfach da, wo du dein Auto parkst, im Sand der Sahara, in einem ausgetrockneten Bachbett oder bestenfalls im Zelt, wenn du noch den Mumm hast, eines aufzubauen. Jost Capito hat das gesagt, und der müßte es wissen. Campari werde ich nicht vermissen, eher schon ab und zu ein gutgekühltes bayrisches Bier oder einen deftigen Schweinebraten. Aber das kann man wegdrücken. Ein Bett wird mir am meisten fehlen. Da kenn' ich mich genau.

»'L'addition, s'il vous plaît.« Bezahlen möchte ich, und zwar rasch, denn jetzt weiß ich, was ich mir an diesem Silvesterabend 1983 Gutes antun kann.

»Douze Francs, s'il vous plaît.« Zwölf Francs, das geht. Ich gebe 15 Francs, das ist mir mein Entschluß wert.

Auf dem Weg zum Lift muß ich an der anderen Bar vorbei. Da sitzt der bärtige Hans-Peter Vogt, unser Tonmeister, mit Jürgen Bretzinger, dem Regisseur, der gar nicht glücklich dreinschaut. Ganz so, als sei wieder mal Dokumentarfilm

angesagt. HaPe hingegen läßt noch mal richtig die Sau raus. Ob ich denn nicht auch noch einen . . . Möchten schon, aber es ist wohl besser . . . Von wegen klarer Kopf und so . . .
Der Lift ist ganz oben. Es dauert ewig, bis er sich zur Hotelhalle herunterarbeitet. In jedem Stockwerk steigt jemand aus oder ein. Der zweite Lift rührt sich überhaupt nicht. Ein Klingeln signalisiert, daß Nummer eins da ist. Der Edelstahl halbiert sich. Eine Dame ohne Begleitung, mit silbernem Flitterzeug im grauen Haar, rundum bunt wie ein Papagei, stakst mit schrillem Champagnergekicher an mir vorbei, dreht sich noch mal um und bläst mir eine Luftschlange ins Gesicht. »Happy New Year«, flötet sie. »Du mich auch«, grummelt es in mir.
Ich bin allein mit meinem Spiegelbild. Das ist mir angenehm, denn gelegentlich leide ich unter Klaustrophobie, und die läßt sich leichter ertragen, wenn man dabei nicht auch noch von Fremden beobachtet wird. Ich drücke den achten Stock, in dem mein Zimmer liegt, lehne mich mit dem Rücken gegen den Spiegel. Die beiden sich schließenden Edelstahlhälften quetschen die Hotelhalle bis auf einen schmalen Spalt zusammen. Plötzlich schiebt sich ein kleiner, schwarzer Lackschuh in den Türschlitz. Die beiden Hälften surren wieder auseinander. Und dann ergießt sich ein Schwall niedlicher, schwarzhaariger, plappernder Menschen in die Liftkabine. Air France hat in Tokio Touristen gebunkert. Und jetzt sind sie im »Sofitel«, um ins neue Jahr hinüberzurutschen. Es gelingt mir, mich mit dem Rücken an die Tür zu drängen. Der Spiegel gegenüber zeigt mir, wie ich aussehe: einsfünfundachtzig groß, die 105 Kilo in eine ölverschmierte Latzhose gepackt, der blaue Seemannspullover auch nicht gerade silversterlike, frisiert sowieso nicht. Ich sollte mich schämen. Da stehe ich nun, umgeben von einem Dutzend kichernder und flüsternder Japaner und starre unverwandt in den Spiegel und werde das Gefühl

nicht los, daß sie noch nie im Leben eine solch große Latzhose gesehen haben und sich nun darüber auslassen. Bis zum achten Stock ist es unheimlich weit. Im sechsten Stock kann ich nicht mehr länger in den Spiegel schauen. Ich senke etwas den Kopf und sehe unter mir lauter schwarze Köpfe mit glänzenden Haaren und schnurgeraden Scheiteln. Japan muß ein geordnetes Land sein.

Das Klingeln im achten Stock befreit mich endlich aus der fernöstlichen Enge. Ein Dutzend strahlender Gesichter fährt weiter nach oben, wo in Kürze die große Silvesterparty beginnt.

Es verlangt Übung, stoische Ruhe, Gleichgültigkeit oder eine schwere Krankheit, wenn man Silvester in einer Großstadt verbringt und sich ganz fest vornimmt, vom alten ins neue Jahr hinüberzuschlafen. Nicht, daß ich den Rummel mit Raketen und sonstigem Radau unverzichtbar finde, aber man macht dieses Ritual doch seit frühester Kindheit mit.

Ich liege im Bett meines Hotelzimmers. Es ist kurz nach 22 Uhr, und wenn ich mich spute, werde ich den Jahreswechsel mit all dem irren Krach einfach verpennen, um morgen früh um vier ein ausgeschlafener Abenteurer zu sein, frisch gebadet und bereit, die Herausforderung der Wahnsinns-Rallye anzunehmen. Müde bin ich ja überhaupt nicht. Wenn ich mich ein wenig im Bett aufrichte, kann ich durchs Fenster die Lichter von Paris, das unter mir liegt, sehen. Ein paar Ungeduldige schießen bereits jetzt, zwei Stunden vor Mitternacht, ihre Raketen in den diesigen Himmel.

Ich greife zum Road-Book, das uns Jürgen Bretzinger am Spätnachmittag noch besorgt hat. Ein halbes Stündchen Streckenkunde kann nicht schaden. In der Zimmerbar müßten noch Erdnüsse sein. Im Fernseher läuft die große, bunte Silvester-Show. Ich könnte natürlich auch noch Monika in München anrufen; die ist bei Jaroschaks und feiert. Von Jaroschaks habe ich aber keine Telefonnummer. Das Road-

28

Book liegt schwer auf meinem Bauch. Hab' ich überhaupt den Sprithahn im M.A.N. zugedreht? Wenn nicht, läuft seit Stunden der Diesel vom Ersatztank in den Haupttank. Na klar hab' ich ihn abgedreht. Duschen wäre jetzt gut. Ich dusche. Fünf Minuten später liegt das Road-Book wieder auf meinem Bauch. Ich schlage willkürlich eine Seite in der Mitte des 500-Seiten-Wälzers auf. Es ist die Etappe von Agadez nach Niamey, 848 Kilometer, davon 244 Kilometer »Scratch« oder Sonderprüfung. Ich sollte mich jetzt nicht unnötig aufregen, aber die zahlreichen Zeichen und Symbole sind dazu angetan. Da wimmelt es nur so von Sandlöchern, Engstellen, eingebrochenen Straßen und Pisten, die es gar nicht mehr gibt.

Draußen vor dem Fenster liegt Paris, staubfrei, mit guten Straßen und an jeder Ecke eine Kneipe. Die Erdnüsse sind alle, die Silvester-Show im TV ist fade, die Telefonnummer von Jaroschaks in München habe ich wirklich nicht, also werde ich schlafen. Licht aus! Das Licht ist aus. Paris kann ich im Liegen nicht sehen, das ist gut so. Mehr als dösen ist im Moment trotzdem nicht drin. Ich könnte natürlich im Road-Book nachsehen, wie's hinter Niamey weitergeht. Diese verdammte Rallye geht doch erst morgen los! Komm, Alter, schlaf jetzt, mach dich doch nicht verrückt. Morgen um diese Zeit bist du auf dieser alten, vergammelten Fähre von Sète nach Algier. Da wirst du dann schwermütig, wenn du an dein breites, frisches, nicht zu weiches Hotelbett denkst, in dem du jetzt deinen Schlaf verplemperst.

Draußen auf dem Flur grölen Franzosen. Es kann nicht mehr weit sein bis Mitternacht. Punkt zwölf brennt der Himmel. Die Pariser schießen, was das Zeug hält. Ein Deutscher fällt gegen meine Zimmertür. »Herrgott, is mir schlecht«, stöhnt er. Ich hoffe, er hat sich nicht verletzt. Kotzen wird er — früher oder später.

Um vier Uhr klingelt der Wecker. Lange kann ich nicht

geschlafen haben. Mir brummt der Schädel, und ich bin todmüde. Das neue Jahr fängt an wie alle anderen auch, sieht man einmal davon ab, daß in vier Stunden das verrückteste Abenteuer beginnt, auf das ich mich jemals eingelassen habe.

Nicht mal Kaffee gibt es in diesem Hotel. Es ist kurz vor halb fünf, und das sei noch zu früh, viel zu früh, klagt die Dame an der »Sofitel«-Rezeption. Ich muß es ihr glauben — so wie sie aussieht: zerzaust, Konfetti im Haar und unendlich müde Augen, gebeutelt von einer turbulenten Silvesternacht, als hätte man sie, auf einer Rakete sitzend, übers Hausdach geschossen. Für s i e ist es in der Tat viel zu früh. Für den Kaffee auch, denn es gibt tatsächlich keinen. So nach und nach trudeln unsere Leute in der Hotelhalle ein, mehr oder minder frisch. Peter Ambach, der Kameramann, und Manni, sein Assistent, schleppen Alukoffer aus dem Lift und stellen sie neben den Hoteleingang. Sie haben ihr Gerät noch mal durchgecheckt, für alle Fälle.

»Morgen« — »Morgen«. Um diese nachtschlafene Zeit beschränkt sich das Begrüßungsritual auf die knappste Formel. Ich gehe hinaus, um den M.A.N. vor den Eingang zu fahren. Es ist noch stockdunkel, ein naßkalter Wind schlägt mir um die Ohren. Hintereinander kriechen unsere drei Geländewagen aus der Tiefgarage. Günter Knon springt auf die Ladefläche unseres Brummis, er ist nicht nur Kameratechniker, sondern auch »Lademeister«. Er verstaut die Kamerakoffer und zurrt mit kräftigen Gurten die Alukisten fest. Klappe zu, Plane runter, wir sind soweit. Rudi Lechner ist mit dem zweiten M.A.N. schon seit einer Stunde unterwegs nach Sète, der Hafenstadt am Mittelmeer, von wo aus die Überfahrt nach Algier beginnt. Bis zum »Place de la Concorde« fahren wir eine knappe Viertelstunde. Kurz vor fünf Uhr sind wir da.

Der leichte Weg zum Meer

Paris — Sète: 1080 km

Auf dem »Place de la Concorde« schimmert der Asphalt düster und nieselnaß im Schein der tausend gußeisernen Schnörkellampen. Sie prägen das Bild dieses Riesenplatzes, und ohne sie wäre er einfach nur Asphalt. Unsere drei Geländewagen drängen sich ganz dicht an den »Parc fermé«, in den die Fahrzeuge eingesperrt sind. In knapp drei Stunden werden sie sich auf den langen Weg nach Senegal machen: 253 Autos, 31 Lastwagen, 113 Motorräder, davon sieben Beiwagengespanne. Eine Fünferkette Weinseliger schart sich um das Filmteam, das sich zum ersten großen Dreh organisiert. Saschas Start, der mit der Nummer 140 über die Rampe fährt, soll gefilmt werden. Iris und Hanno, die beiden »Journalisten«, müssen dabeistehen und ihm anschließend mit ihrem gelben Toyota folgen. So will es Peter Welz. Jürgen Bretzinger, der Regisseur, hat nichts mehr zu wollen. Auf dem »Platz der Eintracht« schwelt Zwietracht.

Für mich hat Peter Welz über Funk eine erfreuliche Nachricht: »Pickup an M.A.N. — fahr links in die Ausfallstraße und such dir nach etwa hundert Metern einen Platz, wo du parken kannst. Wenn's losgeht, fahren sie alle an dir vorbei. Dann mußt du dich irgendwie ins Feld mogeln. Aber vergiß Sigi und Günter nicht. Bis dann — in Sète. Ende.« Im Klartext heißt das: Ich hab' nichts anderes zu tun, als zu warten, bis Saschas Start abgedreht ist. Sobald Sigi und Günter, die beim Dreh sind, wieder auf meinem Brummi sitzen, geht's los. Das wird etwa gegen zehn Uhr sein. Also in gut fünf Stunden.

Ich finde einen brauchbaren Platz. Bis zur Startrampe sind es von da aus etwa 150 Meter, und wenn um acht Uhr die

Lkws losfahren, kann ich vom Kabinendach aus alles schön beobachten. Sigi und Günter laden noch Kameragerät ab und schleppen die Kisten vor bis zum Start. Wenn es in der Kabine etwas gemütlicher wäre, könnte ich noch ein paar Stunden schlafen, aber dieses Fahrzeug ist für militärische Zwecke gebaut worden, und Soldaten sollen ja nicht schlafen, wenn sie im Einsatz sind, sondern aufpassen und schießen. Damit sie das auch optimal können, hat das Dach eine runde Ausstiegluke, mit einer Lafette, auf die man Maschinengewehre montieren kann. Die Luke, sagen alle, sei sehr praktisch, weil sie es dem Kameramann Sigi Meier gestatte, vom Dach aus schöne Bilder zu drehen. Damit die afrikanischen Menschen, deren Länder wir während der nächsten drei Wochen okkupieren, nicht glauben, wir kämen in kriegerischer Absicht, hat der Veranstalter darauf bestanden, das NATO-Oliv mit einer gefälligeren Farbe zu übertünchen. Wir haben uns für Weiß entschieden, das macht Kriegsgerät freundlicher und ist auch im Sinne der Sponsoren, deren Plaketten auf weißem Untergrund besser zur Geltung kommen. Die Kabine ist, wie gesagt, militärisch-ungemütlich. Man kann sich nicht mal auf den drei Sitzen langlegen, weil der mittlere Sitz für den Bordschützen ist und über die beiden anderen Sitze etwa zehn Zentimeter hinausragt. Der Bordschütze ist im Übungs- und Ernstfall der wichtigste Mann, und deshalb sitzt er höher. Aber weil das Militär nun mal das Beste bekommt, was die Industrie vom Band läßt, ist für unser Unternehmen dieses Fahrzeug eben gerade gut genug.
Hinter den Sitzen ist übrigens auch nicht der Ort, um die müden Glieder zu pflegen, weil der gesamte Platz mit Alukoffern, Kamerastativen und einem Akku für das Filmgerät verbaut ist. Aber wir haben etwas, das Soldaten an ihrem Arbeitsplatz nicht haben dürfen, weil es die Konzentration stört und den Feind möglicherweise hellhörig macht. Ein

japanischer Elektronikgigant, einer der Hauptsponsoren der Rallye, hat in jedes teilnehmende Fahrzeug einen Kassettenrekorder eingebaut. Und wenn ich schon nicht schlafen kann, so wird mir etwas Musik vom Band die nächsten Stunden verkürzen. Ich schiebe Telemanns »f-moll-Trompetenkonzert« ein. (Daß der Franzose Maurice André die Trompete bläst, ist keine Verneigung vor dem französischen Veranstalter, sondern reiner Zufall.)

In der Kabine ist es saukalt. Ich lasse den Motor kurz laufen. Die Heizung arbeitet flink. André trompetet göttlich. Es ist kurz vor halb sieben, die Morgendämmerung läßt sich schon ahnen. Und jetzt kommen die Menschen. Zunächst nur Polizisten, die Barrieren entlang der Ausfallstraße aufbauen und Seile spannen. Dann die Nachtschwärmer und Frühaufsteher, erst einzeln oder in kleinen Gruppen, mit grellgeschminkten Silvestergesichtern und Flitter im Haar, dann setzt, wie auf Kommando, der Strom der Schaulustigen und Lärmhungrigen ein. Harte Kerls auf Motorrädern trotzen der Kälte und umkurven die Barrieren. »Ralliiii«, brüllt einer vom Motorroller, woraus ich schließe, daß er unheimlich gern mitfahren würde. Eine Gruppe aufgekratzter Punker nähert sich flaschenschwingend meinem Brummi. Ein Mädchen, mit Ketten und einer aberwitzig großen Brust behangen, trommelt an die Fahrertür. Ich kurble die Scheibe herunter. Das geschorene Haar des Mädchens schimmert dreifarbig. Der Paradiesvogel reicht mir eine Sektflasche. »Bonne chance, Allemand!« Ihr Krächzen erstickt in einem irren Gelächter. »Merci!« Ich tue so, als nähme ich einen tiefen Schluck, aber noch bin ich nicht soweit, daß ich aus jeder Flasche trinke, die man mir reicht. Vielleicht in der Sahara oder am Niger. Im Rückspiegel sehe ich, wie die fünf Punker zum »Concorde« wanken, untergehakt mit schwarzmattschimmernden Lederärschen, eine erhobene Faust umklammert die Flasche.

Auch feine Leute kommen vorbei, richtige Damen mit
noblen Herren und teuren Pelzmänteln. Ich steige aus, muß
mir die Füße vertreten. »Bonne route!« oder »Bonne
chance!« wünschen mir die meisten, die ahnen, daß ich zu
dem Lastwagen mit der Startnummer 550 gehöre. Ich muß
aufpassen, daß mir keiner die Ausfahrt versperrt. Hinten
stellt gerade einer seinen dicken Mercedes ab; er hängt
schon fast an meinen Rücklichtern. Hinterm Lenkrad sitzt
ein Feister. Ich gehe zur Fahrerseite, deute ihm an, daß er
doch bitte sehr die Scheibe herablassen möge. Das macht er
auch. Der Fahrer wendet sich an seine Beifahrerin:
»Geh, frag du eahm, was er mog.«
Sein Nebenan reckt den Kopf zum Fahrerfenster herüber.
»Bonjour, Monsieur . . .«
Ich bin fast ein bißchen glücklich, aber auch unhöflich
genug, um die Dame in ihren Bemühungen, mich auf französisch auszufragen, zu unterbrechen.
»Gut'n Morgen. Mit mia können's scho boarisch red'n.«
»Ja, mi' leckst am Arsch«, entfährt es dem Fahrer. Das
stimmt heimatlich.
Aus München komme man und habe Silvester bei Freunden
in Paris verbracht. Die sitzen im Fond des Wagens. Und nun
sei man wieder auf dem Heimweg, wolle aber natürlich noch
den Start der Rallye mitnehmen. Sei ja schon eine tolle
Sache, da mitzufahren, aber nicht ungefährlich, oder? Das
Kennzeichen am M.A.N. lasse ja auf einen Werkwagen
schließen. M-AN 4854 — sehr originell! Ob ich Werkfahrer
sei? Nein, wir drehen einen Film. Also Schauspieler. Nein,
nein, das heißt, ein bißchen schon. Und so weiter. Ob er seinen Wagen denn etwas zurückstoßen solle? Ja, bitte. Danke.
Vielleicht sieht man sich mal in München. Warum nicht?
München ist ein Dorf . . .
Es geht auf sieben Uhr zu. Vom »Parc fermé« heulen die
Motoren herüber, hin und wieder sind klägliche Seufzer

34

dabei. Die Mechaniker werden das schon in Ordnung bringen. Noch eine Stunde bis zum Start. Ab jetzt ist kein Durchkommen mehr. Die Straße, an der mein M.A.N. steht, säumt ein unübersehbares Menschenspalier, und auch der »Place de la Concorde« ist übermäßig gut besucht. Etwa 50 000, so wird man später errechnen, sind da, um die Rallye zu verabschieden. Kinder sitzen bereits auf Männerschultern, und Frauen stehen auf mitgebrachten wackligen Klappstühlchen. Man beneidet mich, das sehe ich den Gesichtern an, weil ich in meiner Kabine sitze und von dort aus den großen Überblick habe. Vermutlich wird ihnen nicht so recht einleuchten, weshalb ich nicht am Start bin wie die anderen Brummis. Ich habe meine Startnummern mit Klebeband abgedeckt. »Der arme Kerl«, werden sie denken, »ist schon am Ende, bevor's richtig losgeht.«
Unten drängelt sich ein kleiner Mann mit einem großen, weißen Hund vorbei. Der Hund zieht den Mann hinter sich her, was ich in Ordnung finde, denn ich liebe diese Rasse. Ich habe auch einen Maremmano, einen dieser toskanischen weißen Bären. Was der Kerl wohl gerade macht? Monika, die gestern abend bei Jaroschaks war, wird sich während der nächsten Wochen um unseren »Schnaps« kümmern. Hoffentlich ist sie inzwischen daheim, sonst wird der Hund verrückt. Am Abend meiner Abreise habe ich ihm einen Sack Datteln versprochen, wenn er sich ordentlich benimmt. »Schnaps« mag Datteln. Außer Fensterkitt mag er fast alles. Ein guter Hund.
Ich benütze die MG-Schützen-Luke und steige aufs Dach. Ganz vorne im Gewühl der Menschen ist ein kleiner Mann auszumachen, der wie von einer unsichtbarcn Hand durch die Menge gezogen wird. Braver Hund.
Man ahnt, wie der Puls der Leute schneller schlägt. Es geht auf acht Uhr zu. Ihre Bewegungen werden fahrig, Kinder hüpfen auf Väterschultern, Frauen wippen auf Klappstühl-

chen. Am Mikrofon macht sich Thierry Sabine bereit. In wenigen Minuten wird er seine Getreuen zum Aufbruch ermuntern, um sie ins Gelobte Land zu führen. Zum sechstenmal wird er ihnen zeigen, wie es ist, wenn »aus Kindern Männer werden«, wo die »wahren Herausforderungen des Lebens« auf sie warten. Er hat ihnen den langen, beschwerlichen Weg im Road-Book aufgezeigt. Aus dem Lautsprecher, der am Start aufgebaut ist, schnarrt eine Stimme herüber. Die Wortfetzen ertrinken im Geheul der Zuschauer. Ich vermute, daß Thierry Sabine spricht. Er wird den ohnehin Mutigen noch mehr Mut zusprechen, und er wird ihnen sein Pathos als das »größte aller Abenteuer« unter die Helme hämmern, als gelte es, die Welt zu erobern. Das macht er jedes Jahr, und jedes Jahr gesellen sich zu den alten Sprüchen neue markige hinzu. Der »Baghwan im Safarilook« braucht sich um den Fortbestand seiner treuen Gemeinde nicht zu sorgen.

Punkt acht Uhr rollt der erste Lastwagen über die Rampe. Es ist ein Unimog mit der Startnummer 500. Die Besatzung kommt aus Belgien. In Minutenabständen starten die nächsten. Mit der Nummer 501 macht sich Karl-Friedrich Capito, der Ingenieur aus Südwestfalen, mit seinem Superunimog auf die Reise. Das Spalier der johlenden und zappelnden Zuschauer ist so eng, daß die Brummis gerade noch hindurchkommen. Die Daheimgebliebenen sehnsüchteln ihren Helden hinterher. Sie werden morgen früh wieder in ihren Büros sitzen, ihre Krämerläden aufschließen, im Schlachthof werden Schweine geschlachtet, und in den Bäckereien werden Baguettes gebacken, Kinder werden gute oder schlechte Noten kriegen. Für die einen ist morgen wieder Alltagseinerlei. Und die anderen? Sie zeigen all denen, die am Absperrseil ausharren, wie man Alpträume verwirklicht.

Die Brummis sind durch. Jetzt kommen die Wagen, die sich unter den Vierrädrigen am schwersten tun werden. Die

36

Trotzköpfe und Bastler, die glauben, mit nur zwei angetriebenen Rädern die Wüste bezwingen zu können. Die beiden 500-SLC-Edelcoupés von Jochen Mass und Albert Pfuhl sind dabei, Lack und Chrom auf Hochglanz poliert, keine Schramme, keine Beule. Das wird sich bald ändern. Mit der Nummer 160 drängelt sich ein brüllendes Buggy durchs Spalier. In einem Gitterkäfig, der ihn später vor umherfliegenden Steinen und anderem Ungemach schützen soll, sitzt zusammengekauert ein Individualist, ohne Beifahrer. Olivier Vilsange, 31, ist von Geburt Franzose, von Beruf Förster und lebt in San Pedro an der Elfenbeinküste. Er wird noch ganz schön einsam sein in seinem Drahtverhau. Neun Buggys sind am Start, um die man sich jetzt schon Sorgen machen darf.

Der gleichmäßige Jubel schlägt plötzlich um in frenetischen Applaus. Polizisten entwickeln übertriebene Hektik, drängen die nimmersatten Schreier, die in vorderster Front in den Seilen hängen, mittels wiederentdeckter Autorität ein paar Schritte zurück. Auch Drohgebärden scheinen erlaubt, um jenen Platz zu machen, die sich, über die Toppen beleuchtet, ankündigen. Die Porsche kommen! Vive la France!, auch wenn es deutsche Autos sind. Aber in der Nummer 175 sitzen Jacky Ickx, der zwar Belgier ist, aber in Paris lebt, und sein Navigator Claude Brasseur, der Filmstar. Auch die 176 gibt Anlaß zu einem Fortefortissimo. René Metge, der 42jährige Pariser, hat, wie Jacky Ickx übrigens auch, die »Paris—Dakar« schon einmal gewonnen. Und nicht nur Experten rechnen fest damit, daß wenigstens einer von beiden seinen hochbeinigen Allradgetriebenen zum Sieg pilotieren wird. Den dritten weißblaulackierten, 225 PS starken 911er steuert der Porsche-Ingenieur Roland Kussmaul.

Das Defilee macht mich müde. In der Kabine meines Trucks ist es ruhiger als draußen. Ich bin noch nicht motiviert und offensichtlich auch nicht der einzige, den die lärmende Prozession nicht so recht in ihren Bann zu schlagen vermag. Etwas abseits, wo die Bäume beginnen, sitzen zwei, die sich unheimlich mögen, auf einem aufgebockten Motorrad. Die Maschine gehört nicht ihnen, da bin ich mir sicher, denn die beiden sind, angesichts der niedrigen Temperatur, nachgerade fahrlässig leicht gekleidet, als wären sie in größter Eile von zu Hause ausgebüchst. Jeans und schwarze, dünne Pullover haben sie an und zarte Stiefeletten, alles im Partnerlook. Doch dafür hat er etwas, worum ich ihn sehr beneide. Während er inbrünstig sein Mädchen küßt und sie mit der rechten Armbeuge am Genick fixiert, hängt der linke Arm teilnahmslos einfach so da. Aber die Hand hält ein Baguette umklammert, meiner Schätzung nach gut 30 Zentimeter lang und mit Schinken belegt, der zu beiden Seiten gut vier Zentimeter überhängt. Vermutlich sind dazwischen auch noch ein paar Gürkchen eingezwickt.

Im Moment hören die beiden auf, sich zu küssen. Sein linker Arm erfüllt sich mit Leben, und ganz behutsam, was ich dem Kerl gar nicht zugetraut hätte, führt er seine Sandwichhand zum Mund des Mädchens. In meinem Mund schießt das Wasser aus allen Ecken. Ich schließe die Augen. Wenn mir jetzt die drei Porsche gehörten — einen würde ich lachend für dieses Schinkensandwich geben. Ich öffne die Augen. Der Arm des Jungen hängt schon wieder herunter, das Sandwich mißt meiner Schätzung nach immer noch 20 Zentimeter. Ich knacke die erste Dose »Himalaya-Brot«, nahrhafte Vollkornscheiben, in denen angeblich alles drin ist, was der Körper braucht. Nur Schinken und Gürkchen nicht.

Was die anderen am Start vorn wohl machen? Vielleicht ist mit Hilfe des Funkgeräts mehr zu erfahren. »M.A.N. an Pickup, bitte kommen!« — Nichts. »M.A.N. an Toyota, bitte kommen!« — Nichts. »M.A.N. an Transit, bitte kommen!« — Nichts! Also sind sie alle fest am Arbeiten. Sascha wird sich für seinen ersten großen Auftritt schon bereit machen. Denn gleich fahren die ersten Motorräder von der Rampe. Zunächst jedoch sorgt im Feld der namenlosen Allradfahrer die Prominenz für anhaltenden Jubel: Jean-Pierre Jabouille, der ehemalige Formel-1-Rennfahrer, mit seinem Navigator, dem Sänger Michel Sardou, auf ihrem aufgemotzten Lada Niva, der englische »Monte«-Gewinner Vic Elford mit seinem belgischen Beifahrer Nicolas Crets auf Mercedes 280 SE und der Pariser Autokonstrukteur Thierry de Montcorgé, der in einem schwarzen Prototyp mit sechs Rädern und 360 PS unter der Haube seinem Sponsor Christian Dior Freude machen will. De Montcorgé war schon 1981 mit einem ähnlich aufsehenerregenden Gefährt aufgefallen. Damals hatte er für d i e Sensation der Rallye gesorgt, als er mit einem allradgetriebenen Rolls-Royce startete und tatsächlich in Dakar ankam.

Neun kleine Fiat-Allrad-»Pandas« sind dabei und allein 64 teilweise bis zur Unkenntlichkeit veränderte Mercedes-Geländewagen mit bis zu 200 PS und Spitzengeschwindigkeiten von etwa 180 km/h.

Jetzt kommen die Ärmsten und dann die Ärmsten der Armen. Erstere sind die Motorradfahrer, letztere die Gespanne, die sich mit martialischem Aufwand dem Kreuzzug nach Süden anschließen. Auf daß selbst gröbstes Gelände Fahrer und Schmiermaxe nicht abrupt voneinander trennen möge, wurden Maschine und Seitenwagen mit einem Gewirr aus Streben, Rohren und Bügeln zusammengeschraubt. Zusätzliche Ölkühler an Motorrad und Beiwagen sind die Regel, um dem gequälten Motor genügend Frischluft zu verschaffen. Das Besondere an dieser Art des Gespannfahrens ist, daß der Schmiermaxe, ähnlich wie in einem römischen Streitwagen, den gesamten Parcours im Stehen erleben darf. Das macht er nicht wegen der optima-

len Aussicht, sondern aus Sicherheitsgründen und weil der
»Ballastmann« im Stehen flinker manövrieren kann. Die
Beine arbeiten dabei wie zwei Stoßdämpfer, und die Belastung ist eigentlich nur der von Abfahrtsläuferbeinen vergleichbar. Nur: Skirennläufer sind in der Regel nach knapp
zwei Minuten am Ziel. Jedes freie Plätzchen — und die gibt
es auf einem Gespann nur spärlich — ist vollgepackt mit
Wasser- und Benzinkanistern, einem Zelt, ein wenig Werkzeug, einer Balise, die Funksignale sendet, wenn man
irgendwo liegenbleibt und möchte, daß man gefunden wird.
Ersatzteile und größeres Werkzeug können nur mitgenommen werden, wenn sich ein Brummi-Fahrer bereit findet,
auf seinen eigenen Kram noch eine Kiste draufzupacken.
Dies gelingt auch meistens, doch wenn man wirklich mal
was braucht, ist der Brummi mit ziemlicher Sicherheit ganz
woanders.
Die Polizisten haben in ihren Bemühungen, die Zuschauer
zu disziplinieren, resigniert. Das Spalier wird wieder ganz
eng, denn jetzt kommen die Landsleute, die man so gern
hat, daß man sie anfassen, streicheln, küssen möchte. Wie
hoch einer in der Gunst der Sponsoren steht, sieht man
gleich daran, wieviel Gepäck er auf seinem Motorrad mit
sich führt. Wer hinter sich und womöglich auch noch auf
dem Tank üppig geladen hat, ist mit Sicherheit ein Privatfahrer, der ohne die Unterstützung eines Serviceteams auskommen muß. Wer ganz ohne oder nur mit einem kleinen
Rucksack reist, gehört zum Favoritenkreis, weil er ein
Werkunterstützter, wenn nicht gar ein Profi ist, der allen
Ballast im Servicewagen hinterherfahren läßt. Die bevor-
zugten Farben der Favoriten sind Blau, Rot und Weiß. »Les
bleus«, das sind die Yamahas XT 600 Ténéré mit den Stars
Serge Bacou, Jean-Claude Olivier, Jacky Vimond und Véronique Anquetil, 24jährige Tochter des Ex-Radprofis
Jacques Anquetil. »Les rouges«, das sind die Hondas XR

40

600 mit dem dreimaligen »Paris—Dakar«-Gewinner Cyril Neveu, mit Philippe Vassard, Patrick Dobrecq und Michel Merel, eine bärenstarke Truppe, der man einen Sieg zutrauen könnte, wenn da nicht noch die »Weißen« wären. Und die werden, soviel steht fest, kaum zu schlagen sein. Die BMW R 100, die »Boxer« aus München, sind mit 1000 ccm und 80 PS nicht nur die Kräftigsten im Feld, sie haben auch Piloten der obersten Güteklasse im Sattel. In die Nummer 100 sind die Franzosen nachgerade verliebt. »Le beau Hubert« (sprich: Übär) trägt sie, der zweifache »Paris—Dakar«-Sieger Hubert Auriol, 31. Ihn haben die Pariser am allerliebsten, weil er ein Kind ihrer Stadt ist, weil er so groß und stattlich ist und ein hübsches Gesicht hat. Er passiert seine Fans stehend, da können ihn auch noch die ganz hinten sehen. Er fährt im Schrittempo, so daß ihn jeder, der will, gefahrlos berühren kann.

Den, der hinter Auriol mit der Startnummer 101 kommt, haben sie nicht so gern. Zum einen ist der 35jährige Gaston Rahier nur einsachtundsechzig groß, und sein Gesicht ist auch nicht so glatt und jungenhaft wie das von Hubert, zum anderen ist er Belgier, was in Frankreich schwer wiegt, und außerdem schmückt Rahier auch noch der Titel eines dreifachen Moto-Cross-Weltmeisters, was ihn — und das ist das schlimmste — als ernsthaften Konkurrenten des schönen Hubert ausweist. Mit dem Jubel wartet man denn auch lieber bis zum nächsten Fahrer, der auch zum BMW-Team gehört und der auch einer der Ihren ist. Raymond Loizeaux, 31, ist ein netter Polizist aus Paris, den viele Pariser Motorradfahrer mögen, weil er es mit den Strafzetteln nicht so genau nimmt, wenn man ihm erzählt, daß man einen kennt, der ihn kennt, weil der auch schon mal die »Paris—Dakar« mitgefahren ist.

Diese drei gehören zum offiziellen BMW-Werkteam. Monatelang haben sie sich auf die Rallye vorbereitet, mit großem finanziellem Aufwand wurde getestet, verändert, wieder getestet und organisiert. Ein M.A.N.-Dreiachser mit 320 PS, ein geländegängiger Pinzgauer Minitruck und ein Mercedes-Geländewagen stehen den drei als Servicewagen zur Verfügung. Ohne Serviceunterstützung muß hingegen der Mann auskommen, der die drei Maschinen bis zur Rallye-Reife hochgepäppelt hat, dem das weißblaue Werk in erster Linie zu danken haben wird, falls eines seiner Motorräder gewinnen sollte. Das einzige, was ihn nach außen hin in die Nähe des Werkteams rückt, sind seine weiße Motorradkombi, das Design seiner Maschine und die Startnummer 99. Herbert Schek, mit 53 Jahren einer der Senioren im gesamten Feld, ist ein knorriger Allgäuer, dessen Leidenschaft seit 25 Jahren der Gelände-Motorsport ist, ein verbissener Tüftler, der dann zu probieren anfängt, wenn die Experten glauben, daß es längst nichts mehr zu verbessern gibt.

Schnell, robust und ausdauernd müssen »Paris—Dakar«-Maschinen sein, und wenn Schek etwas Neues aus den beiden Zylindern zaubert, verschlägt es der Konkurrenz die Sprache. Natürlich wissen die BMWler, was sie an Schek haben, im Team darf er trotzdem nicht mitfahren, nicht mal als offizieller Mechaniker. Warum das so ist, will niemand so recht erklären. Scheks Vermutung, daß er halt einfach schon ein bißchen zu alt für derlei Strapazen ist und BMW ganz einfach Siegfahrer braucht, wird der Wahrheit wohl ziemlich nahekommen. Der baumlange Allgäuer ist für seine Arbeit bezahlt und von BMW außerdem mit einem Motorrad bedacht worden, das er sich für die Rallye hergerichtet hat. Auch kein Pappenstiel, denn Schek-BMW werden zwischen 25 000 und 30 000 Mark gehandelt. Einziges Zugeständnis des BMW-Teamchefs Dietmar Beinhauer an seinen Tuner: Herbert Schek, der als Privatfahrer in der sogenannten »Marathonwertung« mitmischen will, darf seine Ausrü-

42

stung auf den Service-M.A.N. packen. Ein Anerbieten, das ihm, wie sich schon bald herausstellen soll, mehr Verdruß als Erleichterung bescheren wird.

Die Favoriten und Klassefahrer sind durch. Übrig bleiben noch ein knappes Dutzend Privatfahrer, für die Gewinnen nichts, Ankommen alles ist. Unter ihnen müßte auch Sascha sein. Jetzt kann ich die Nummer 140 sehen. In seiner weißen Kombi, einen kleinen Rucksack auf dem Buckel, sieht er auf seiner BMW aus wie ein richtiger Rallye-Fahrer. Die Menschen, die ihm zujubeln, glauben das auch, ihr Beifall verebbt jedoch, als Sascha in Höhe meines Brummis anhält und unter dem Seil hindurch aus dem Spalier ausschert. Die Leute machen ihm Platz, verwundert zum Teil, auch mitleidvoll, andere schadenfroh kichernd. Es sieht in der Tat so aus, als sei die Nummer 140 nach nur 200 Metern aus irgendwelchen Gründen bereits aus dem Rennen. Dabei hat Sascha lediglich die Anweisung des Regisseurs befolgt, da nur der Start des Berliners gedreht werden soll. Sascha bockt die Maschine auf, und dabei merkt man schon, daß er im Umgang mit schweren Motorrädern nicht sonderlich geübt ist. Er hat Mühe, das Ding auf den Ständer zu kriegen. Ich helfe ihm dabei. Sascha nimmt den Helm ab. »Hast 'n Schluck Wasser?« Natürlich habe ich Wasser. »Hat's geklappt, Sascha?«

»Ick weeß nich! Ick jlobe schon.« Er sagt das, als habe er schon die halbe Strecke nach Dakar hinter sich. Das kann ja nett werden. Als eine halbe Stunde später Sigi und Günter es endlich geschafft haben, sich mit ihrem Ton- und Kameraequipment durch die Menge zu wühlen und unversehrt den M.A.N. erreichen, wird deutlich, daß Saschas gedämpfte Stimmung so unberechtigt nicht ist. Folgendes ist passiert oder besser n i c h t passiert:

Lange vor dem Start hatte Peter Welz die Positionen des Teams für die erste Einstellung bestimmt. Peter Ambach gelang es, in den »Parc fermé« zu kommen; er sollte dicht an der Startrampe drehen. Sigi Meier bekam Order, die Totale von außerhalb der Absperrung zu drehen, und Gilbert Lareaux, der französische Kameramann, sollte ebenfalls innerhalb des »Parc fermé« Saschas Start filmen. Jürgen Bretzinger, der Regisseur, hatte die Dreharbeiten letztendlich zu koordinieren. Nur: Als es endlich losging, war Bretzinger draußen, und weil er keine Pressearmbinde hatte, die ihm den Zugang nach drinnen gestattet hätte, wußte angeblich keiner der Kameramänner, wann wer was wie zu drehen hatte.

Das Ergebnis ist deprimierend, und das sieht man auch Sigi Meier an, der geschafft und wortkarg in die Kabine klettert. Wie sich später in München herausstellt, hat die Truppe den Start ihres Protagonisten glatt verpennt. Daß etwas schiefgelaufen ist, das wissen die Beteiligten allerdings schon gleich nach dem Dreh. Und das sorgt für zusätzliche Probleme im ohnehin schon unguten Kooperieren der Herren Welz und Bretzinger.

Nur raus aus dieser Stadt! Endlich mal das Gefühl haben, daß es losgeht. Unsere Leiden sind ja erst am Anfang, und wenn wir in Sète sind, wenn man Afrika schon riechen kann, dann muß es doch — Herrgott noch mal! — mit Phantasie, gutem Willen und der Angst im Nacken, öffentliche Filmgelder für einen drohenden Flop zu verpulvern, möglich sein, Kino zu machen, wie sich's gehört. Vielleicht habe ich ein wenig laut gedacht, denn Sigi und Günter schauen mich gleichermaßen vorwurfsvoll an. An ihre Blicke werde ich mich gewöhnen müssen. Wir drei passen nicht zusammen, das ist mir klar, das spürt man schon jetzt. Warum das so ist, weiß ich noch nicht, werde es aber bald erfahren.

Während der Rallye-Troß über Orléans, Toulouse, Carcassonne und Béziers nach Sète fährt — das sind 1080 Kilometer —, gönnen wir uns einen Abkürzer auf der Autobahn E 1

44

über Lyon bis zur Fähre in Sète. Das sind knapp 800 Kilometer, die in etwa zehn Stunden zu schaffen sein müßten. Wir wollen, wenn möglich, vor den anderen dasein. Zum einen soll die Ankunft der Teilnehmer an der Fähre gefilmt werden, zum anderen wollen wir als erste an der Fähre stehen, um beim Verladen der Fahrzeuge ganz vorne zu sein. Das dumpfe Geradeausfahren geht auf den Sehnerv. 80, manchmal auch 90 km/h sind das Äußerste, was aus der schweren Kiste herauszuholen ist. Die beiden neben mir schlafen, und bei mir wird's auch nicht mehr lange dauern. Hinter den Heckscheiben überholender Autos winken Kinder wie wildgewordene Fensterputzer. Wahrscheinlich hat ihnen Papa soeben gesagt, daß wir nach Dakar fahren. Aber wo sind denn die anderen? wird Mama den Papa vielleicht fragen. Und wenn sie ein pfiffiges Söhnchen auf dem Rücksitz haben, wird es ihnen den Sachverhalt zumindest im Ansatz erklären können. Ich glaube, Mama, wird das pfiffige Söhnchen sagen, die dürfen gar nicht mitmachen, weil sie ja ihre Startnummer zugeklebt haben. Oder: Vielleicht haben sie gemogelt und fahren eine kürzere Strecke. Damit wäre auch erklärt, weshalb die anderen nicht da sind. Etwa 200 Kilometer südlich von Paris habe ich mir nichts mehr zu sagen und muß höllisch aufpassen, um nicht einzuschlafen. Zum Glück kündigt sich eine Raststätte an. Mit einer Hoppla-jetzt-kommen-wir-Bremsung bringe ich unseren großen Weißen zum Stehen, und weil auch er sehr durstig ist, soll er seine 300 Liter Diesel kriegen. Günter und Sigi bestellen in der Snackbar Kaffee, ich schau' noch schnell mal nach dem Öl. Braver Brummi, aus Öl macht er sich nicht viel. Jetzt will ich meinen Kaffee, aber soweit ist es noch nicht. Unser Lastwagen ist der Star auf dem Parkplatz.
Ein Franzose um die Dreißig erklärt seiner Begleiterin um die Vierzig, daß dieser Brummi unheimlich schnell ist, so um die 120. Dabei sieht er mich triumphierend an, und um sei-

ner Behauptung Nachdruck zu verleihen und in Erwartung einer Bestätigung meinerseits, malt er in den Dreck der Bordwand eine »120«. Mir ist es ja egal, was er von uns denkt, aber wenn schon aufs Blech hauen, dann richtig. Mittels meines Zeigefingers kreuze ich die »120« durch und schreibe in den Dreck daneben »160«. Da ist der Franzmann baff, und wahrscheinlich glaubt er mir auch nicht, da er sich grußlos umdreht und sich mit seiner Begleiterin davontrollt.

Günter fährt weiter, Sigi könnte theoretisch immer schlafen, weil er keinen Lkw-Führerschein hat. Was Legitimationen betrifft, ist der alles andere als tempogeladene Schweizer ohnehin schlecht eingedeckt. Nicht mal die nötigen Visa hat er in seinem Paß, aber das behält Sigi noch wohlweislich für sich. Damit will er Günter und mich und die afrikanischen Zöllner wohl erst an den diversen Grenzen überraschen. In Lyon möchte ich mir gerne eine echte Lyoner kaufen, was aber nicht geht, weil es entlang des Schnellstraßenrings, der durch die Stadt führt, keine Metzgereien gibt. Ich bitte um die Zustimmung der beiden und darf eine Kassette einschieben. Ich hoffe, Chopins »e-moll-Klavierkonzert« wird auch ihnen gefallen. Es ist schön, auf dem Beifahrersitz unseres Brummis zu dösen und Chopin zu hören. Günter meint, die Musik gefalle ihm »nicht schlecht, weil das doch mal etwas anderes ist«, und auch Sigi, der Wortkarge, nimmt mir einen Stein vom Herzen: »'S isch guet.« Da bin ich aber froh.

Von Nîmes aus sind es noch knapp 50 Kilometer bis Montpellier, da kann man das Meer schon sehen, und dann ist es nur noch ein Rutsch von 15 Kilometern bis Sète. In Montpellier, wo wir von der Autobahn runterfahren, quäkt plötzlich das Funkgerät: »Pickup an M.A.N. Wir sind dicht hinter euch. Toyota und Transit sind auch dabei.« Sigi, der meistens auf dem unbequemen mittleren MG-Schützen-Sitz kauert, ist dem Mikro am nächsten und bestätigt: »M.A.N.

46

an Pickup. Haben verstanden und lassen euch vorbei. Ende.« Nun sind wir also wieder alle beisammen, und im Konvoi erreichen wir Sète, unser Sprungbrett nach Afrika. Es ist kurz vor 20 Uhr. An der Zufahrt zur Zeitkontrolle, wo alle Rallye-Teilnehmer durchmüssen, stehen beiderseits der Straße nur vereinzelt Neugierige. Je weiter wir zum Hafen kommen, desto mehr werden es. Sie jubeln uns zu, weil sie der irrigen Meinung sind, daß wir zum Feld der Schnellsten gehören. Erst zwei sind da: ein weißer Unimog mit einer blutroten Sonne auf der Plane und der Startnummer 501. Das ist Capito aus Neunkirchen. Der andere, ebenfalls ein Unimog mit der Nummer 503, wird von dem Italiener Paolo Bonera gesteuert. Die beiden müssen gefahren sein wie die Henker. Von den Porsche und den Motorrädern ist noch nichts zu sehen. Allerdings sind Capito und Bonera in Paris ja auch ganz vorne gestartet. Und nun überschütten uns Tausende mit ihrem Jubel. Eigentlich sollte uns diese (unbeabsichtigte) Irreführung der Gutgläubigen peinlich sein. Aber was soll's: Es wird ohnehin das erste und sicher auch letzte Mal sein, daß u n s jemand für Sieger hält, also genießen wir es und winken zurück, schalten sämtliche Lampen an, auch die rotblauen Positionslichter auf dem Kabinendach, und hupen auf Teufel komm raus. Das macht mächtig Eindruck, und irgendwie tut es ja auch gut, ganz vorne zu sein. Die Sabine-Helfer am Kontrollpunkt erkennen das Mißverständnis spätestens dann, wenn wir ihre Stoppuhren passieren. Unsere Startnummern sind ja verklebt, und das macht uns als Spitzenreiter unverdächtig. An wild gestikulierenden Polizisten, die uns gern hinter Capito und Bonera einreihen wollen, mogeln wir uns bis zum Hafen vorbei.

Da liegt die »Tipasa«, ein zwanzig Jahre alter Schrotthaufen, der uns nach Algier übersetzen soll. Auf dem riesigen Asphaltplatz ist alles für den Empfang angerichtet: Musik dudelt aus Lautsprechern, Absperrseile und Barrieren sind zu Gevierten geordnet, als erwarte man den Auftrieb einer Bullenherde.

Rudi Lechner ist schon seit vier Stunden da. Jetzt steht er mit gekreuzten Armen vor meinem Lastwagen, und als ich aussteige, sagt er nur: »Na endlich.« Seinem Tonfall ist nicht zu entnehmen, ob er zufrieden oder mürrisch ist.

Ich bin momentan schlechter Dinge, schlendere die Hafenmole entlang, wo sich nichts tut, weil Feierabend ist. Das Meer dehnt sich langweilig glatt und mausgrau und hat am Hintern ein paar Warzen. Es sind wohl Schiffe, vermutlich auf dem Weg nach Tanger oder Algier. 16 Stunden südlicher beginnt Afrika. Ich hab' einen Moralischen, ich häng' voll durch. Saufen könnte jetzt optimal sein mit anschließender Prügelei. Für einen Psychologen jedenfalls wäre ich im Moment ein gefundenes Fressen. Ich bin schön miesepetrig, gut, daß im Moment keiner was von mir will.

Der Platz füllt sich mit Lastwagen, Autos und Motorrädern. Ich sehe Rudi. Er winkt mich zu sich. Ich gehe zurück zum M.A.N. Rudi kommt mir entgegen.

»Da drob'n gibt's a Bier.« Rudi weiß immer als erster, wo es was zu trinken gibt. »Da drob'n«, das ist die Abfertigungshalle, die man über eine steile Freitreppe erreicht, die etwa zehn Meter hinauf zu einem verglasten Betonklotz führt. »Da drob'n« gibt's nicht nur Bier, sondern auch die Stempel in den Paß, die Zollpapiere für die Fahrzeuge und die Tikkets für die Fähre. Je schneller ich die Abfertigungsprozedur hinter mir habe, desto länger kann ich mit Rudi an die Tränke. Also steigen wir nach »drob'n«, wo es Stempel umsonst, Bier und Sandwich zu je neun Francs gibt. Man muß die Kuh melken, solange sie im Stall steht, werden sich die Franzosen sagen.

Bevor der Sturm auf die Abfertigungsschalter so richtig losgeht, habe ich alles, was ich brauche, um nach Algier zu

Der Star am Start in Paris: Jacky Ickx

Links: »Parc fermé« auf dem »Place de la Concorde«
Oben: »Paris—Dakar«-Erfinder Thierry Sabine
Mitte: Pause in Conakry: Autor Jürgen König
Unten: Fast wie Camping: Rast in Agadez

Oben: Sturzflug
Unten: Sieger der Gespanne:
Renders/Verboven (Belgien)
Rechts: Schinderei in der Ténéré:
die Belgier De Bruyn und Baetens

Dünenabfahrt in der Sahara

Nicht schön, aber schnell: Guy Colsouls Opel-»Manta«

kommen. Auch Welz/Bretzinger und die anderen sind abgefertigt, jetzt beginnt der gemütliche Teil. Das Neun-Francs-Dosenbier schmeckt abscheulich, aber es hilft einigermaßen über die nächsten Stunden hinweg, die zäh dahinkleckern.

Nach einer Stunde an der Bar treibt's mich wieder ins Freie. Es ist schon bald Mitternacht, die letzten Nachzügler sind inzwischen in Sète angekommen, und auf dem Platz wird schon jetzt, nach 1000 Kilometern Landstraßen, geschraubt, gehämmert und repariert. Am schlimmsten hat es den »Leyland«-Dreiachser des Franzosen Jean Salou erwischt. Südlich von Toulouse war der Servicelastwagen des prominenten Lada-Teams Jabouille/Sardou über eine Böschung gestürzt. Der Münchner M.A.N.-Werkfahrer Hans Obermaier hat seinen bulligen Vierachser davorgespannt und den Franzosen mit der Seilwinde wieder auf die Beine gestellt. Ganz ohne Blessuren ist dieser Zweimetersturz nicht abgegangen: Die Frontscheibe ist hin, und jetzt bemüht sich die »Leyland«-Besatzung fieberhaft, Plexiglas einzubauen.

Am Einlaß zur Fähre tut sich etwas. Motorräder und Geländewagen setzen sich in Bewegung. Es sieht so aus, als ob endlich verladen würde. Aber — es sieht nur so aus. Nach einem Dutzend Fahrzeugen stockt der Konvoi. Die Porsche der Herren Ickx, Metge und Kussmaul, die vom Veranstalter gehätschelt werden wie Einzelkinder, dürfen ganz nach vorne.

Hinter meinem M.A.N. hat sich der Capito-Unimog in die Reihe der Wartenden eingefädelt. Die drei aus Neunkirchen scheinen besser als ich informiert zu sein. Sie sperren ihre Fahrzeuge ab, verschließen die Zollplane und tun so, als sei in absehbarer Zeit mit Bewegung im Pulk nicht zu rechnen. Außerdem haben sie sich stadtfein gemacht. Das möchte ich doch genauer wissen.

Karl-Friedrich Capito (ich werde ihn künftig der Einfachheit halber »den alten Capito« nennen), der ledergesichtige Strahlemann, sein Sohn Volker und Mechaniker Karl-Wilhelm haben Bammel vor der Überfahrt. Die drei sind auf dem Weg zum Bus, der sie noch in der Nacht nach Marseille bringt. Dortselbst werden sie im Hotel übernachten und am nächsten Tag eine Maschine nach Algier nehmen. Am Tag darauf wollen sie dann frisch und ausgeruht die Ankunft der »Tipasa« erwarten. Jost, der dritte Capito, wäre zwar auch gern mitgeflogen, weil die Scheu vor der Seefahrt in der Familie liegt, aber einer muß ja schließlich den Unimog auf die Fähre bringen, und einem Fremden vertraut man Gerät, das für den Sieg gebaut wurde, nicht gern an.

Die Langeweile mobilisiert in mir die verschiedenartigsten Ideen. Eine finde ich ganz besonders gut, und so entschließe ich mich, etwas Unruhe in die schläfrige Truppe zu bringen. Ich werde meine »Gerüchteküche« eröffnen. Adi Dirl und Hans Obermaier, die beiden M.A.N.-Werkfahrer, kommen mir da gerade recht. Ich setze meine sorgenvollste Miene auf:

»Seid ihr seefest?« Dirl macht große Augen, dann lacht er. »Bei dem Weda fahr' i ja no mit da Luftmatratz'n auf Algier«, höhnt er.

»Wirst dich noch wundern, Adi. Ich war gerade beim Hafenkapitän, weil ich wissen wollte, wann's endlich losgeht. Das hat er mir nicht sagen können. Aber als ich bei ihm war, kam gerade der Wetterbericht durch. Windstärken um neun aus Nordwest, mit Wellen an die sechs Meter. Das wird eine haarige Sache.«

Wir stehen ziemlich dicht an der Mole. Nicht mal das Klatschen einer Welle an die Kaimauer ist zu hören.

»Ehrlich?« stöhnt der Hans.

»Ich schwör's euch.« Dieser Spaß ist mir einen Meineid wert.

»Scheiße«, seufzt der Adi. Die beiden trollen davon. Jetzt gilt es nur, Geduld zu üben, bis das Gerücht die Runde macht. Es geht schneller als erwartet. Einer der ersten, der die schlimme Nachricht zu Ohren bekommt, ist Jost Capito. Im Laufschritt trabt er mir entgegen.

»Sag mal, stimmt das mit dem Sturm?« In seinen großen, blauen Augen flackert das Neonlicht der Platzbeleuchtung.

»Ich fürchte, ja. Dem Seewetteramt sollte man schon trauen.«

Jost schiebt ab.

An der Bar stehen ein Dutzend deutsche und französische Fahrer im Halbkreis. Einer hat soeben von einem Sturm erzählt, der angeblich von der Biskaya rüberkommen soll.

Wer ist Thierry Sabine?

Es ist gleich halb vier, von meinen beiden Partnern Günter und Sigi habe ich seit Stunden nichts gesehen, vermutlich liegen sie schon in der Koje. An der Rampe, die zum Bauch der »Tipasa« führt, wird klar, weshalb sich das Verladen der Fahrzeuge derart verzögert. Seit zwei Stunden müht sich ein Dutzend Männer — Hafenarbeiter, Lademeister und eine dreiköpfige Hubschrauberbesatzung —, den Helikopter, der für die Unterstützung unserer Dreharbeiten aus München eingeflogen ist, auf die Fähre zu verladen. Unter den Kufen sind Gummiräder angeschnallt, die aber so klein sind, daß sie über die geriffelte Laderampe nicht hinwegkommen. Also müssen Bohlen verlegt werden, die aber nicht da sind, weil man noch nie einen Hubschrauber auf die »Tipasa« verladen hat. Bis Bohlen gefunden und mit einem Gabel-stapler angeschleppt werden, vergeht eine gute Stunde. Und eine weitere Stunde dauert es, bis der Hubschrauber im Bauch der Fähre untergebracht und verzurrt ist.

Und dann geht es endlich los. Zuerst die Motorräder, die keine Probleme machen, dann die Geländewagen. Auch das geht ruck, zuck. Aber dann . . . Die Lastwagen müssen näm-lich mittels einer hydraulischen Hebebühne sechs Meter hoch aufs Oberdeck geliftet werden. Um es kurz zu machen: Gegen fünf Uhr steht mein M.A.N., mit armdicken Ketten verspannt, inmitten dicht an dicht gedrängter Brummis.

Jetzt bin ich endgültig reif fürs Bett. Kabine 21 steht auf meinem Ticket. In den schmuddeligen Gängen herrscht Auffanglager-Atmosphäre. Die meisten haben Schlafsäcke unter dem Arm. Es sind vor allem jene, denen die »Tipasa« nicht fremd ist, die schon öfter dabei waren und wissen, daß es mit der Kabinenhygiene nicht zum besten steht.

Nummer 21 ist ein Sechs-Mann-Loch, ohne Fenster und ohne Lüftung. Gedämpftes Röcheln dringt aus fünf Schlaf-

60

säcken. Das Waschbecken ist dreckig wie ein Sautrog. Ich rolle auf dem letzten freien Bett meinen Schlafsack aus und krieche hinein. Meine Gedanken, bevor ich einschlafe, gelten einem kleinen, sauberen Zimmer im »Sofitel«, wo es gar nicht so schlecht war.

Als ich aufwache, sind wir auf hoher See. Auf dem Gang poltern die schweren Stiefel der Motorradfahrer. Es ist kurz vor elf Uhr; das Frühstück habe ich verschlafen. Zähneputzen wäre jetzt angebracht, aber weiß der Teufel, welche Brühe aus der Wasserleitung läuft. Also lieber zwei Pfefferminze lutschen, als sich möglicherweise die Mundfäule oder sonst was einzufangen. Noch bin ich da ziemlich kleinlich, aber auch das wird sich ändern.

Auf dem Gang kommt mir Adi Dirl, frisch gewaschen und gekämmt, entgegen.

»Na, aus dem Sturm wird wohl nix.«

»Wart's ab, Adi, plötzlich ist er da. Das Mittelmeer ist unberechenbar.«

Der Tag schleppt sich mühsam dahin. Ich sitze die meiste Zeit, warm verpackt, auf dem Oberdeck, wo die Luft frisch ist. Am Nachmittag werden ein paar Szenen mit Iris, Hanno und Sascha gedreht, wie sie mit Jochen Mass und den BMW-Stars Rahier, Auriol und Loizeaux über die Rallye reden. Ich habe auch einen kurzen Auftritt, allerdings erfaßt mich die Kamera nur von hinten, was mich ein wenig ärgert. Den Nachmittag vertrödeln wir im sogenannten »Salon«, wo es Alkohol gibt und eine braune Brühe, die als Kaffee verkauft wird. Ich trinke ein paar Campari, ohne Eis und ohne Wasser, da kann nicht viel schiefgehen. Kurz vor 18 Uhr sind an die 500 Leute im Salon versammelt. Stehend, auf Stühlen, Stuhllehnen oder auf dem Boden sitzend fiebern sie dem Auftritt des großen Thierry Sabine entgegen. »Briefing« heißt diese Versammlung, die künftig jeden Tag vor dem Start stattfinden wird. Da erzählt dann der Meister, wo's langgeht, daß man ständig mit der Unvernunft der Bevölkerung rechnen müsse, die sich sorglos auf Straßen und Pisten herumtreibe, und daß sich jeder als Gast der sieben Länder zu verstehen habe und sich gefälligst auch so verhalten möge. Er warnt auch vor gefährlichen Schlüsselstellen im Parcours und sagt, daß er sich freue, am Abend alle gesund und wohlbehalten wiederzusehen. Alte, gläubige Hasen unter den Rallye-Fahrern nennen ihn sogar »Jesus«, weil er so etwas Charismatisches verströmt, ein Gebenedeiter unter den Geschäftemachern, bei dem man sich in guten Händen wähnt. Er sieht auch noch aus wie Jesus, schwarzbärtig, immer ein bißchen traurig, immer ein bißchen leidend, weil es doch ein rechtes Kreuz ist, das mit der Organisation. Die »Bergpredigt« beginnt um 18 Uhr. Thierry (ich darf ihn beim Vornamen nennen, weil ich ja jetzt auch zur Familie gehöre) besteigt einen Stuhl, so daß alle zu ihm aufblicken müssen. Das Gemurmel verstummt, der Mann im blütenweißen Overall zelebriert seinen Auftritt.

Es geht um die erste Etappe, die von Algier nach El Goléa führt, und was dabei alles zu beachten ist. Der Zeitpunkt ist günstig, um aufs Klo zu gehen. Solange alle im Salon versammelt sind, kann ich mir das sauberste Örtchen aussuchen, was auf diesem Schiff einen Gang durch mehrere Stockwerke bedeutet, ehe man fündig wird.

Wer ist dieser Thierry Sabine eigentlich? Er stammt aus Le Touquet, einem Luxusbadeort am Ärmelkanal. Dort verbringt er seine Jugend mit Pferden und ohne Sorgen, weil die Tiere alle seinem Vater gehören. Der wohlhabende Monsieur Sabine sen. entdeckt schon alsbald des Sprößlings Talent und läßt ihn, solange er will, im Sattel verweilen, mit dem Erfolg, daß Thierry mit 17 Jahren in die französische Junioren-Reiterequipe aufgenommen wird. Er genießt eine hochklassige Ausbildung und eine adäquate Erziehung.

62

Irgendwann wird er die Pferde leid und entschließt sich zu einer schnelleren Gangart. Er wird Autorennfahrer und bekommt von Ford auch einen Vertrag als Werkfahrer. Seine Bemühungen, einen soliden Beruf zu erlernen, scheitern zunächst, aber als er in eine Pariser Public-Relation-Agentur einsteigt, geht's bergauf. Thierry Sabine managt Künstler und rührt die Werbetrommel für französische Badeorte. 1977 macht er auf einem Motorrad bei der Rallye Abidjan—Nizza mit und wird berühmt, weil er nicht ankommt. Drei Tage lang ist Sabine zwischen Libyen und der Republik Niger in der Wüste verschollen. Ohne Verpflegung und ohne Wasser, dem Tod näher als dem Leben, wird er gefunden und in Frankreich zum Helden emporgehoben. Die ganze Nation nimmt Anteil.

Nach seiner Genesung steigt Sabine in die Organisation von Jean-Claude Bertrand ein, dem Veranstalter der »Abidjan—Nizza«. Und während Bertrand an einem neuen Objekt bastelt, einer Rallye von Los Angeles nach Caracas, stellt sich Thierry klammheimlich auf eigene Beine und tüftelt an einer Rallye, die von Paris nach Dakar führen soll. Für die »Los Angeles—Caracas« interessiert sich kaum jemand, fast alle wollen nach Dakar. Im Umgang mit den Massenmedien entwickelt er ein beeindruckendes Geschick, macht die Journalisten richtig heiß auf seine erste Rallye. Es wird geschrieben und in der Television gesendet, obwohl noch gar nicht sicher ist, ob die erste Rallye Paris—Dakar überhaupt stattfindet. Aber schon bald wird auch die Industrie hellhörig, Sponsoren klopfen bei Sabine an, und schließlich ist auch das Geld beisammen, um am 1. Januar 1979 87 Motorräder und 80 Autos auf die Strecke schicken zu können. Cyril Neveu, einer der ganz Treuen, der bei jeder »Paris—Dakar« dabei ist, gewinnt diese erste Rallye auf einer 500er Yamaha, Hubert Auriol wird Zwölfter.

Während der Rallye-Vorbereitung stehen bei Thierry etwa

hundert Helfer in Lohn und Brot. Wenn die »Paris—Dakar«
zu Ende ist, beginnt ein paar Wochen später die Vorbereitung der nächsten. Sabine sucht die Strecke aus, fährt sie
selbst ab oder läßt sich im Hubschrauber durch die Gegend
fliegen. Er macht alles selbst, verhandelt mit den Regierungen der Länder, durch die die Rallye zieht, er macht die
Deals mit den Sponsoren, und er bestimmt, w e r bei der
Rallye mitfahren darf. Er hat auch schon Leute nach Hause
geschickt, weil sie ihm nicht behagt haben. Freunde behaupten, Thierry Sabine sei von einer Gier nach Macht besessen,
die es problematisch macht, mit ihm zusammenzuarbeiten.
Aber das ficht den Meister nicht an. Im Gegenteil. Er sonnt
sich in der Aura des Egozentrikers, und wahrscheinlich
würde er an sich selbst zweifeln, wenn ihn alle, die ihm
durch die Wüste folgen, auch liebten. Während der Rallye
im Jahr 1983 hat ihm ein Motorradfahrer aus gegebenem
Anlaß eine geschallert, daß Thierry aus den Pantinen
kippte. Der Dumme war der Motorradfahrer, denn der hat
Sabine lange bitten und betteln müssen, ehe sich der Feldherr bereit erklärte, seinen entgleisten Legionär bis Dakar
mitfahren zu lassen. Und alle fanden, daß Thierry doch ein
ganz lieber, großzügiger Kerl ist, weil er dem Rüpel verziehen hat.
Als ich vom Klo komme, ist im Salon immer noch »Bergpredigt«. Es wird abwechselnd applaudiert und gelacht,
dann ist es wieder ganz still, und der Meister spricht.
Ich gehe aufs Oberdeck, stehe an der Reling und schaue
dem Tag zu, wie er sich verdrückt.

Diese ohrenbetäubende Stille . . .

Algier — El Goléa: 925 km

Mit der Morgensonne erreichen wir Algier. Bis wir im
Hafen sind, wird es fast zehn Uhr. Am Ausgang der
»Tipasa« ducken sich die Rallye-Hungrigen, bereit zum
Sprung auf Afrika. Keiner ist seekrank geworden, es hat keinen Sturm gegeben, die Passage war kaum anstrengender
als eine Fahrt mit der Trambahn von Harlaching nach Grün-
wald. Grenzpolizisten stempeln den 3. Januar in unsere
Pässe, es ist kühl, aber wenn man aus dem Winter kommt,
ist dies angenehmes Hemdsärmelwetter. Vor den mächtigen
Gittertoren, die die Hafeneinfahrt versperren, empfangen
uns ein paar Hundertschaften, die Urlaub haben, arbeitslos
sind oder die Schule schwänzen. Übermäßig scheinen sie
sich über die Ankunft der Karawane nicht zu freuen. Oder
man hat sich einfach daran gewöhnt, weil viele von ihnen
bestimmt schon zum sechstenmal dastehen. Das Maul der
»Tipasa« klappt auf, und jetzt speit sie alles mühelos heraus,
was sie in Sète unter Qualen geschluckt hat. Zuerst die
Geländewagen, dann die Motorräder, zuletzt die größten
Brocken, die Brummis.
Für Günter und mich tut erst mal Morgengymnastik not.
Sigi würde ein bißchen Bewegung sicher auch nicht schaden,
aber der ist wieder mal unterwegs. Wir müssen das linke
Hinterrad unseres M.A.N. wechseln, weil sich spinnennetz-
artig feine Risse im Gummi von der Felge bis zum Profil
hinziehen. Das habe ich versaubeutelt, als ich an der Hotelauffahrt vor dem Pariser »Sofitel« etwas leichtfertig an einer
Bordsteinkante vorbeigeschrammt bin. Zwar hält die Luft
noch, aber wenn die Piste rauh und ruppig wird, würde das
für den angeschlagenen Reifen das Ende bedeuten. Schade
drum: Der Pneu war neu. Wir haben zwei Ersatzräder

km	390 ❶	type	SCRATCH ❷	page	3

kmt	kmp		
0,0		DEPART SPECIALE 215 KM. REMISE A ZERO.	D.ch. ❸ 215.km ❹
0,1	0,1	SVAG ↘ LGR PTP RETR DS VEGETAB	❺ ←❼·↓ ⊗❻
0,5	0,4	TD	↑ ⊗❽
0,7	0,2	ORNI RETR , CVT PIER.	❾ 〈⌒〉 ▭❿ ▭⓫
1,2	0,5	RETR DS VEGETAB, SAIG ↑ PIER	▭⓬ ⓭ ↗⓮
1,4	0,2	↑ EN MARCHE.	↗ ▭⓯
1,8 ⓱	0,4 ⓲	↑ EN SAIG.	↗ ▭⓰

❶Länge der Gesamtetappe (»Scratch« und »Liaison«)
❷Spezialetappe [die jeweilige Tagesetappe besteht aus »Scratch« (Spezialetappe) und »Liaison« (Verbindungsetappe)]
❸Zeitkontrolle (Start) ❹Länge der Spezialetappe
❺abfallende Piste ❻Kreuzung ❼Richtung links ❽an Kreuzung geradeaus ❾Engstelle ❿Längsrillen ⓫Mulde
⓬Engstelle ⓭Piste ansteigend ⓮Querrinne ⓯Absatz (ansteigende Piste) ⓰Querrinne (ansteigende Piste)
⓱Entfernung von Hindernis zu Hindernis ⓲gefahrene Kilometer ab Start

6ᵉ RALLYE PARIS ALGER DAKAR VSD-EUROPE 1 avec PASTIS 51

km	390	type	SCRATCH	page	5

kmt	kmp	
15,3	2,0	SVE A G EN ↗
16,2	0,9	BEG B ESSON ⑳
17,2	1,0	↘ EN SVE A D.
19,4	2,2	ATT SORTIE VILL AD – V PT P UNIQUE.
22,6	3,2	SAIG EN LGR ↘ – V.
23,0	0,4	RETR EN LGR SAIG, SVE A G.
23,4	0,4	RETR DS VEGETAB, SAUT BOSS.
24,0	0,6	TD.

⑲ **Piste nach Kreuzung (links) ansteigend** ⑳ **Ortsname**
㉑ **Dorf** ㉒ **im Dorf rechts halten, Piste abfallend** ㉓ **an Kreuzung rechts** ㉔ **mehr oder weniger übersichtlich** ㉕ **Piste abfallend mit mehr oder weniger sichtbarer Querrinne** ㉖ **Engstelle** ㉗ **Engstelle mit Buckel auf der linken Fahrbahnseite** ㉘ **an Kreuzung geradeaus**

dabei, speziell für Sand und steiniges Gelände entwickelte Gummiwalzen, die mit Felge gut einenhalb Zentner auf die Waage bringen. Ein Rad ist auf der Ladefläche festgezurrt, das andere, das wir nun zum Wechseln nehmen, ist zwischen Führerhaus und Pritsche in einen Bügel geklemmt. Der Reifenwechsel dauert eine knappe halbe Stunde.

Das eiserne Gittertor, das den Weg nach Afrika freimacht, wird aufgeklappt. Dahinter beginnt also der Wahnsinn? Oder das absurde Bemühen erwachsener Menschen, sich selbst Schaden zuzufügen? Oder der Aufbruch von Helden, gegen die Lawrence of Arabia ein kleiner Wichtigtuer war? Oder ein Ereignis von sportlichem Wert? Oder was sonst? Die Proteste der Polizisten mißachtend, drängeln wir uns vor, machen uns auf den 925 Kilometer langen Weg nach El Goléa, dem ersten Etappenziel. Es wird wohl weit nach Mitternacht werden, bis wir da sind. Die beiden Dieseltanks sind mit 700 Litern randvoll, wir haben versehentlich in Frankreich getankt, wo der Liter Diesel knapp zwei Mark kostet. In Algerien ist Sprit normalerweise wesentlich billiger, um die 90 Pfennig kostet da der Liter. Nicht aber für die Rallye, was in Sète allerdings noch niemand wußte. Auf der Fähre sind Benzincoupons verkauft worden, eine Pflichtinvestition auf Geheiß der Regierung. Jetzt kostet der Liter Sprit zehn Francs, das sind über drei Mark. Also haben wir ganz gut eingekauft, drüben in Frankreich.

Die erste Etappe bis El Goléa ist eine sogenannte »Liaison«. Für die in der Wertung Mitfahrenden geht es dabei nur darum, innerhalb einer vorgegebenen Maximalzeit anzukommen. Wer die Zeit überschreitet, bekommt Zeitabzüge notiert. Wer schneller ist, hat nichts davon. Dafür gibt es die Spezialetappen, auch »Scratches« (Kratzer) genannt. Das sind meistens Strecken, vor denen selbst ein Kamel kopfschüttelnd stehen bleiben würde. Da kann man Zeit gutmachen — oder sich die Knochen brechen.

68

Wie üblich, fahre ich das erste Stück. Im Rückspiegel verliert sich die Straße in einer Unmenge von Kurven. Vom Hauptfeld, das uns bald einholen wird, ist noch nichts zu sehen. Die Teerstraße ist gut in Schuß, wir kommen zügig voran, obwohl wir bis auf über 1200 Meter klettern müssen. Das Atlasgebirge ist die letzte Barriere, bevor wir das Algerische Hochland, die Hauts Plateaux, queren. Noch dürfen wir uns wie drei sorglose Touristen fühlen, die in einem etwas zu üppig geratenen Wohnmobil der großen Freiheit auf den Fersen sind. Es ist eine gemütliche Gegend, und wenn es mal ein Stück geradeaus geht, lasse ich den Blick für ein paar Sekunden über Olivenhaine, Obstgärten und Weinberge schweifen. Schafe stehen blöd blökend herum und gucken belämmert. Die werden schauen, wenn erst die anderen kommen und ihnen der Fahrtwind durchs Gewölle fegt. Nicht, daß ich ein über alle Maßen rücksichtsvoller Kraftfahrer wäre; aber ich würde sogar einem Huhn ausweichen, wenn es not tut, dann könnte es aber sein, daß ich tot bin und das Huhn nicht, weil unser Brummi ein paar hundert Meter den Abhang runtersaust. Im Rückspiegel sehe ich jetzt einen, der da nicht so zimperlich ist. Der Franzose Patrick Zaniroli, einer der Favoriten, rauscht in seinem Range Rover an mir vorbei. Das Lächeln einer Badenixe, die auf sein Auto gemalt ist, erstirbt in einer dichten Staubwolke, die Zaniroli hinter sich herzieht. Dann folgen, nicht minder zügig, die drei Porsche von Ickx, Metge und Kussmaul.
Jetzt müßte eigentlich für ein paar Sekunden Pause sein, denn vor mir macht die Straße einen scharfen, unübersichtlichen Rechtsknick. Da pfeift noch einer an uns vorbei. Die Startnummer kann ich nicht erkennen, weil ich mich ausschließlich auf die schmale Fahrbahn und den Knall konzentriere, der zu erwarten ist, falls etwas entgegenkommt. Es ist einer der aufgedröselten Mercedes-Geländewagen, denen

man den Arsch abgeschnitten hat, damit sie leichter werden, und die nach erfolgreicher Kosmetik »Proto Coro« heißen. Dies ist sogar dem Sigi zuviel: »Der spinnt«, schimpft er und trifft damit den Nagel auf den Kopf.

Ich taste mich in den Rechtsknick hinein, und als er hinter mir liegt und die Gerade vor mir, steht ganz dicht am rechten Straßenrand ein Schafhirte in abgerissenen Kleidern. Die Hände, zu einem Symbol der Hilflosigkeit erhoben, halten ein Schaf, dessen langer Hals schlaff im Rhythmus der Armbewegungen hin und her baumelt. Das Fell ist blutbesudelt. Der Mann steht da wie ein einziger verzweifelter Aufschrei. Etwas abseits grasen teilnahmslos fünf Schafe, vermutlich sein gesamter restlicher Viehbestand. Im Vorbeifahren höre ich die wütenden Schreie des Hirten. Ein Sechstel seiner Herde ist hin, einfach über den Haufen gefahren. Das kann freilich jedem passieren, aber was wäre dabei, kurz anzuhalten und dem armen Teufel ein paar Dinare in die Tasche zu stecken, damit er sich ein anderes Schaf kaufen kann? Im rechten Rückspiegel schrumpft der Unglückliche zu einer kleinen Figur, die mit geballten Fäusten am Straßenrand steht und nichts begreift.

In Berrouaghia steht ein Polizist auf der Kreuzung und hindert einen Esel, der einen führerlosen Karren zieht, daran, dasselbe Schicksal zu erleiden wie das Schaf. Die Dorfbewohner säumen die Ortsdurchfahrt und jubeln. Ich frage mich: Warum? Auch in Ksar el Boukhari sind die Leute wie aus dem Häuschen, aber da ist kein Polizist, der für Ordnung sorgt. Was hat Monsieur Sabine seinen Schützlingen auf der Fähre eingebleut? Daß man ständig mit der Unvernunft der Bevölkerung zu rechnen habe und daß man Gast sei und sich dementsprechend benehmen möge. Da müssen einige gepennt haben, oder aber sie wollen den algerischen Bauern endlich mal zeigen, wie man im Powerslide durch geschlossene Ortschaften driftet.

70

Inzwischen sind auch die Motorräder da. Sigi möchte ein paar Aufnahmen machen. Rechter Hand verkauft auf einem kleinen freien Platz eine Frau Datteln. Ihre beiden Kinder drängeln sich auf einer Obstkiste, um von dem Spektakel auch etwas mitzubekommen. Ich bugsiere unseren Brummi neben den Dattelstand und stelle den Motor ab. Sigi und Günter packen Kamera und Ton aus und steigen durch die Luke aufs Kabinendach.

Die Frau hat ein verhärmtes, gegerbtes Gesicht und knochige, rissige Hände. Ihre dunklen Augen mustern mich mißtrauisch, und gelegentlich schweifen sie hinauf zum Führerhaus, wo Sigi Bilder macht. Ich möchte Datteln kaufen. Wieviel? Eine Waage gibt es nicht, also lege ich meine Hände mit den Kanten aneinander, wie man das macht, wenn man in Ermangelung eines Gefäßes Wasser schöpft. Zwei Hände voll, bitte. Die Frau hat verstanden, die Kinder auf der Obstkiste auch, sie lachen. Diese Maßeinheit scheint auch in Ksar el Boukhari geläufig zu sein. Die Frau häuft zwei Hände mit Datteln auf eine zerknitterte Seite der »Paris Match«, die ein Bild des schönen Hubert Auriol schmückt. Jetzt hat er eine Menge Schrunden im Gesicht, auf das er jetzt auch noch zwei Hände voll Datteln kriegt. Ich möchte bezahlen, die Mami will aber kein Geld, sondern meinen Kugelschreiber, der in der Brusttasche meiner Latz-hose steckt. Sie sieht mich fragend an und greift nach dem Schreibzeug. Ich habe verstanden, nicke. Sie freut sich über den Kugelschreiber, ich mich über die Datteln, weil sie so preiswert sind.

Jetzt kommen die Brummis. Der Holländer De Rooy mit seinem Super-DAF vorneweg, knapp dahinter der weiße Unimog von Capito, dann der Mercedes von Lalleu, der auch gewinnen kann, wenn er bis Dakar kommt. Diesel-schwaden liegen über dem Dorf Ksar el Boukhari, Kinder hängen verängstigt an den Rockzipfeln ihrer Mütter. Der

M.A.N.-Vierachser, der für Porsche Service fährt, plagt sich durch die enge Kurve, die Zaungäste weichen erschreckt ein paar Schritte zurück. Die Erde vibriert. Über allem hängt ein weißer Helikopter in der Luft, regungslos, wie an einer Schnur angebunden. »Jesus« schaut zu. Thierry Sabine, der Allgegenwärtige, hat genug gesehen, der Hubschrauber rümpft die Nase und stiebt davon, als habe er einen Tritt bekommen, gefolgt von zwei weiteren Helikoptern, einem roten, in dem der Notarzt reist, und einem braunen, der zu unserem Filmteam gehört.

Als die Brummis durch sind, kommen noch ein paar Nachzügler: ein gelber Toyota, ein weißer Datsun-»Pickup« mit einem nagelneuen BMW-Motorrad hinten drauf und ein grüner Ford-»Transit«. Es ist unser Filmteam, womit wir bis auf Rudi, den rollenden Tankwart, wieder alle beisammen wären. Günter übernimmt jetzt das Steuer. Sigi sitzt in der Mitte, und weil er sicher ahnt, daß sich in Bälde die Kabine wieder mit Chopin oder Telemann füllen wird, kommt er mir dieses Mal zuvor. Er schaut mich fragend an. Natürlich ist es mir recht. Sigi schiebt das Band ein und lehnt sich genüßlich zurück. Zuerst rauscht es nur, aber dann muß ich binnen Sekunden erkennen, daß meiner Toleranz, was Musik oder Musikähnliches betrifft, doch sehr enge Grenzen gesetzt sind. Nach dem Rauschen setzt Rockmusik ein, Gängiges, aus dem Klassischen geklaut, was mir ja noch einleuchtet. Aber dann fängt ein Eunuch zu trällern an, mit einer giftigen Stimme, die mir durchs Mark fährt. Sigi und Günter lächeln sich selig an, das sieht verdächtig nach Komplott aus. Es mag übertrieben klingen, aber das schrille Gezeter des unter Garantie Hodenlosen macht mich fix und fertig. Ich setze zum erstenmal meinen Sturzhelm auf. Der dämpft ein wenig.

Ich nehme den Helm wieder ab. Draußen verneigt sich dürres Alfagras. Wir haben die Hauts Plateaux erreicht, eine

72

baumlose, karge Steppe mit vereinzelten Palmen, die wie verlorengegangene Rasierpinsel in der Gegend herumstehen. Sigi, in seiner wohlwollend-gütigen Art, sagt: »Das ist Nomi.« Womit er wohl den Schreihals meint. Ich sage: »Aha.« Da funkt es bei mir. Irgendwann habe ich im »SPIEGEL« eine Geschichte über einen deutschen Sänger gelesen, der an Aids gestorben war. Der besaß einen Koloratursopran wie die Rothenberger heute und rockte sich mit Werken aus Oper und Operette in die Gehörgänge vieler. Er hieß Klaus Nomi.

Ich möchte Sigi eine Freude machen und erzähle ihm, was ich weiß. Sigi im Überschwang: »Ja, das ischt Nomi.« So, so. Das Band dauert zweimal 45 Minuten, und als es endlich ausrauscht, haben wir den höchsten Punkt zwischen Algier und Tamanrasset erreicht: den Teniet Mudjaniba, den Paß der Karawanen, 1272 Meter über dem Meer. Von da an beginnt, grob gerechnet, die Sahara. Vor uns liegt Ghardaia, die erste Oase auf dem langen Weg durch das »Meer ohne Wasser«. An der Straße, der N 1, steht kaum jemand, der sich freut, daß wir kommen. Zum einen sind die Menschen, die hier leben, Mozabiten, eine islamische Sekte, die im Laufe der Geschichte schon seit jeher ihr eigenes Süppchen gekocht hat. Halsstarrige Zweifler, die von ihren Glaubensbrüdern, den Sunniten und Schiiten, in die Wüste gejagt worden waren. Zum anderen sind die Leute aus Ghardaia Kummer mit motorisierten, stinkenden Karawanen gewöhnt, weil in ihrer Stadt das ganze Jahr über Saison ist. 25 Kilometer südlich trifft nämlich die Straße von Constantine und Tunis auf die N 1, und wer die Sahara durchqueren will, wird in Ghardaia die Wasserkanister auffüllen.

Die Moschee, die auf einer Kuppe steht, sieht aus wie geklaut, so, als hätte jemand der Cheopspyramide die Spitze abgeschnitten und sie auf einem Tieflader hierher, in die trostlose Gegend Mzab, geschafft.

Ich glaube, es ist Zeit für einen Fahrerwechsel. Wenn Günter müde wird, kriegt er ein Gesicht wie ein chinesischer Mandarin, weil er die Augen zusammenzwickt. Das sieht dann aus, als ob er lächelt, dabei ist ihm gar nicht danach. »Soll ich fahren, Günter?« Jetzt habe ich ihn erschreckt, sein Kopf fährt herum, die Augen sind groß und ungläubig auf mich gerichtet. Ich fürchte, er hat schon geträumt. »Wenn'st willst«, brummt Günter ein bißchen unwirsch, so daß es mir beinahe schwerfällt, ihn am Weiterfahren zu hindern. Er bringt den Lastwagen zum Stehen. Das trifft sich gut, weil wir alle drei pinkeln müssen. Sigi ist als erster fertig, und behende, wie ich ihn noch nie erlebt habe, setzt er sich hinters Steuer. Mir ist das im Prinzip nicht unangenehm, aber ich bin doch besorgt, weil Sigi nicht im Besitz eines Lkw-Führerscheins ist. Zwar wird in dieser Gegend wohl kaum ein Polizist auf die Idee kommen, die Lizenz zu kontrollieren — schon gar nicht, wenn man zur Rallye gehört —, aber was ist, wenn er die Kiste umschmeißt oder jemanden über den Haufen fährt? Was ist, wenn dann die Gendarmerie ganz genau wissen will, w e r Scheiße gebaut hat? Im Knast sitzt man in dieser Gegend schnell, das müßte auch Sigi hinlänglich bekannt sein, weil er auch schon einige Male in Afrika war. Günter hat eine grandiose Idee: »Was soll's. Wenn was passiert, ist halt einer von uns beiden gefahren.« Mich dünkt, daß wir an einem ganz entscheidenden Punkt unseres Miteinanders angekommen sind. Was weiß dieses Herzchen aus der Oberpfalz schon von afrikanischen Gefängnissen und wie schnell man drin ist. Ich saß mal eine Nacht im Knast von Niamey, das war 1979 und ging ruck, zuck. Nicht, weil ich einen Lastwagen, sondern weil ich in einer Kneipe ein paar Barhocker umgeschmissen hatte. Daß einer der Hocker einen Gast ins Kreuz traf, hat die Sache leider etwas erschwert. Aber angefangen hatte der andere, ich schwör's.

Gut, denke ich, soll der Schweizer fahren, aber dann muß er auch wissen, wie ich über die Sache denke. »Mit mir könnt ihr nicht rechnen. Ich mach' da nicht mit, wenn's schiefgeht.« Das drückt tüchtig auf die Stimmung, die beiden sind muksch. Sigis Rache ist furchtbar und folgt auf dem Fuß: Er schiebt einen »Nomi« ein. Ich knülle meinen Anorak zusammen und stecke ihn zwischen Kopf und Seitenfenster. So ist wenigstens ein Ohr in Sicherheit. Am Straßenrand wechselt ein Motorradfahrer das Hinterrad. Er ist einer jener beklagenswerten Privatfahrer, die alles mitschleppen müssen, weil ihnen kein Servicewagen zu Hilfe eilt. Er lacht, als wir an ihm vorbeifahren, Unterstützung scheint er nicht zu brauchen.

Das Hauptfeld ist uns weit voraus. Welz/Bretzinger und die anderen sind ein gutes Stück hinter uns. Vermutlich drehen sie ein paar Einstellungen mit Berben/Pöschl/Disselkamp. Viel Zeit bleibt ihnen an diesem Tag nicht mehr, denn die Sonne hockt bereits rot und rund wie eine Vierländer Tomate auf den Dünenkämmen des Großen Westlichen Erg. »Nomi« hat Pause, nur das gleichmäßige, gutmütige Brummen unseres M.A.N. ist zu hören. Sigi macht seine Sache ordentlich, was weiter nicht ungewöhnlich ist, weil es immer geradeaus geht. Die Straßendecke ist zwar längst nicht mehr makellos, sie hat Löcher und Schrunden, aber die mächtigen Gummiwalzen unseres Brummis schlucken klaglos die meisten Unebenheiten. Es dauert nur knapp zehn Minuten, dann ist die rote, runde Vierländer Tomate die rückwärtige Seite einer mächtigen Düne hinabgekullert. Es ist so plötzlich Nacht, als hätte jemand das Licht abgedreht. Die sechs Scheinwerfer unserer Lastwagen tanzen den angeknabberten Straßenrand entlang.

Der Tanz der milchigen Lichtkegel macht müde. Wenn ich jetzt unseren Lastwagen und die beiden, die mit mir drinsitzen, hinwegdächte, wäre ich ganz allein auf der Straße N 1, die mittenmang in die Sahara führt. Dann wäre ich umgeben von der großen, ohrenbetäubenden Stille, deretwegen ich die Wüste so mag. Ich bin wach und träume mich dennoch immer weiter weg von Sabine, Porsche, Auriol, Capito, Reifendruck und Ölstand, bis ich mir sicher bin, daß die Rallye auf dem falschen Weg ist. In Ghardaia spätestens haben wir die Grenze zur unendlichen Stille überschritten. Wir müßten umkehren, einen anderen Weg suchen, der das Toben von Motoren gewöhnt ist, und sollten nicht die Unversehrtheit der Wüste für unsere Tollheiten mißbrauchen. Aber DU bist doch auch dabei, und keiner hat DICH dazu gezwungen, DU bist doch auch geil auf das große Abenteuer, um das sie DICH zu Hause beneiden. Oder etwa nicht? Also sei still und mach DICH nicht lächerlich! Bis El Goléa kann es nicht mehr weit sein, ich schätze noch 20 Kilometer, und der 3. Januar ist seit zehn Minuten vorbei. Im Rückspiegel nähern sich ein paar Scheinwerfer. Das Funkgerät schnarrt: »Pickup an Lkw, kommen.«

Es ist die Stimme von Peter Welz. Günter drückt die Mikrotaste: »Hier Lkw, kommen.«

Welz: »Wir fahren mal voraus und schauen, wo das Camp ist. Es kann nicht mehr weit sein. Bleibt an uns dran, vielleicht kriegen wir noch einen halbwegs vernünftigen Platz für die Nacht.« Wir haben verstanden und fahren hinter Peter Welz und Jost Capito her, die uns soeben überholen. Auch der Toyota mit Iris Berben, Hanno Pöschl und Jürgen Bretzinger fährt an uns vorbei, und dicht dahinter kommt auch der Kamerawagen mit Peter Ambach, mit Manni, seinem Assistenten, HaPe, dem Tonmeister, und Sascha, dem Jungschauspieler aus Berlin. Aber wo bleibt Rudi mit dem zweiten M.A.N., unsere mobile Tankstelle? Vielleicht hatte er Ärger mit den algerischen Behörden. Wäre ja auch kein Wunder, wenn man einen ausrangierten Heizöltank mit 4000 Liter Flugbenzin vollpumpt und damit durch die

76

Gegend düst, als wär's Kondensmilch. Aber Rudi ist Afrika-Profi, der wird das schon schaukeln.

Das Rallye-Camp liegt etwas außerhalb von El Goléa, und man braucht keinen Kompaß, um es zu finden. Man muß nur nach einem hellerleuchteten Rummelplatz Ausschau halten, dann ist man richtig. Der Lagerplatz ist, soviel wir im Licht der Scheinwerfer sehen können, nicht schlecht gewählt. Er liegt in einer sandigen Mulde, die von Basaltblöcken umgeben ist. Wir schaukeln über den Rand der Schüssel und finden neben dem BMW-Team einen brauchbaren Lagerplatz. Da steht Rudis M.A.N.! Ist er geflogen? Da kommt er auch schon, mit leicht angewinkelten Armen, untersetzt und stämmig, der ewig lachende Kraftbolzen aus München-Milbertshofen. »Ja, wo seid's denn so lang? Habt's euch verfahr'n?« Sein Spott regt keinen auf. Um d i e Zeit nicht mehr. Geflogen sei er gerade nicht, aber forsch gefahren, lacht der Rudi. Als ich zwei Hände voll Datteln in Ksar el Boukhari erworben habe, ist Rudi im Pulk der Brummis an uns vorbeigefahren. Keiner von uns dreien hat ihn gesehen. »In der Kurv'n hab' ich wahrscheinlich grad' den DAF überholt, der hat mein' Karr'n verdeckt.« Der nimmermüde Spaßvogel wird auch noch ruhiger werden.

Es ist saukalt. Zwei, drei Grad unter Null, schätze ich. Tagsüber waren es immerhin angenehme 25 Grad. Da kommt man ganz schön ins Schleudern. Wir, die vom Film, rotten uns zusammen, weil wir die allerletzten Nachzügler sind und uns gemeinsam an der Futterkrippe noch etwas zum Beißen erhoffen. Die beiden bulligen Mercedes-Küchenwagen von »Africatours« sind nicht zu übersehen. Der dritte, in dessen Töpfen und Kesseln ausschließlich die Kost fürs Nachtmahl gekocht wird, ist schon unterwegs zum nächsten Etappenziel, nach In Salah. Wie ein Haufen murrender Häftlinge stehen wir vor den längst erkalteten Töpfen und trommeln mit dem Klappbesteck aufs Kochgeschirr. Eine vor Kälte zitternde Maid, der man ansieht, daß sie sich ihren ersten Arbeitstag auch etwas anders vorgestellt hat, sondiert mit einer Gabel die finstere Röhre einer Thermostonne. Das metallene, schabende Kratzen auf dem Grund des Behälters zeigt uns, daß kein Fleisch mehr da ist. Diese Befürchtung bestätigt sich, als die übermüdete Marketenderin der Sicherheit halber auch noch mit einer Hand, bis zum Ellenbogen, hineingreift. Fleisch ist alle. Aber Baguettes sind noch da, und in zwei Aluminiumwannen daneben, wie sie Metzger zum Transport von Innereien benützen — gibt es Pfirsichkompott und Crème Caramel. Ich nehme nur Kompott und einen Becher Kaffee dazu. Das füllt und schafft zusätzliche Gewähr für einen anständigen Stuhlgang binnen der nächsten Stunden. Wer den hat, gehört zu den Gesegneten der Rallye, habe ich mir sagen lassen. Für Jost Capito ist es unerheblich, ob es Fleisch gibt oder nicht. Er steht vor dem Puddingtrog und füllt seinen Blechnapf bereits zum drittenmal. Dabei verdreht er die Augen, als werde er soeben einer neuen Dessertkreation des Meisterkochs Witzigmann teilhaftig. Jost fährt die Rallye bereits zum zweitenmal mit und weiß über Genüsse und Plagen gleichermaßen Bescheid. Schon vor unserer Abreise in München schwärmte er von dem braunen Glibberzeug und hat es zu einem ganz individuellen Symbol der »Paris—Dakar« erhoben. Sei's, wie's ist: Ich mag die Dosenpampe nicht.

Während die anderen noch in Schüsseln und Körben nach Eßbarem fischen, mache ich mich auf den Weg zu unserem Lagerplatz. Er ist selbst in der Dunkelheit unschwer zu finden, weil nebenan die BMW-Leute unter Flutlicht basteln. Ich steige behutsam über seufzende und schnarchende Schlafsackbündel, stolpere über eine Zeltschnur, trete in ein schepperndes Blechgeschirr, das irgendwo herumliegt, und bin endlich da, wo ich hin will. Günter, unser »Lademeister«, hat Schlafsäcke und Schaumstoffmatten

78

bereits aus den Alukisten geholt und ins Freie gelegt. Es sind schöne, neue Daunenschlafsäcke, die noch sehr gut riechen und die uns die Produktion gestiftet hat. Ich packe mein »Bett« ganz dicht neben das rechte Vorderrad unseres M.A.N., weil da immer noch etwas Wärme abstrahlt. Schuhe aus, Hose aus, die Kälte zwickt in Waden und Schenkel. Mit der Behendigkeit meiner 105 Kilo arbeite ich mich in die wohlige Tiefe der Daunen, versuche, von innen den Reißverschluß zuzuziehen. Das geht aber nur, wenn mindestens ein Arm draußen ist, sonst wird die schützende Hülle zu eng.

Nahezu bewegungsunfähig starre ich in den afrikanischen Himmel und beneide die Sterne, weil sie so viel Platz haben. Neben mir bereitet Günter sein Lager. Flink wie eine Wühlmaus schlüpft der kleine Kerl in seinen Schlafsack, zieht den Reißverschluß bis über den Scheitel zu und zappelt in seinem Kokon herum, als wolle er mir zeigen, wie wohl er sich fühlt. Die Bandscheiben sollen ihm einfrieren! Als Kopfkissen benütze ich eine verschlissene Leinentasche, in der mein Paß, Geld und Schreibzeug stecken. Ein Paar Handschuhe müßten auch drin sein. Stimmt. Ich brauche nur einen und ziehe ihn über die rechte Hand, die die Nacht im Freien verbringen wird. Allmählich ist an Schlaf zu denken. Auf der gegenüberliegenden Seite unseres Brummis, wo die BMW-Leute lagern, wird noch gearbeitet, was nicht weiter schlimm ist, weil der dicke Lkw-Reifen den ärgsten Lärm schluckt. Etwa fünf Meter neben mir steht ein Gespann, daneben liegen zwei Schlafsäcke im Sand. Die beiden müssen ganz schön kaputt sein, weil sich nichts rührt. Weit gefehlt! In den Schlafsäcken liegt niemand drin, denn in diesem Moment, just als ich fühle, daß der Schlaf schon ganz nahe ist, kommen die beiden. Sie haben ein Schweißgerät besorgt, welches auch funktioniert, und von nun an zischt es, und die Funken sprühen. Ab und zu hämmert einer der beiden auf Metall herum, an Schlaf ist nicht mehr zu denken. Ich ziehe um, an den Rand des Camps, wo es zwar etwas kälter, dafür aber auch ein bißchen ruhiger ist. Der Sand ist feucht, die Außenhaut des Schlafsacks auch, aber ich kann wenigstens einschlafen.

Der Wahnsinn hat Methode

El Goléa — In Salah: 498 km

Länger als drei Stunden kann ich nicht geschlafen haben,
denn als mich jemand an den Schultern schüttelt, ist es sechs
Uhr und noch dunkel. Peter Ambach steht breitbeinig vor
mir: »Aufsteh'n! Wir müssen los!« Schlaftrunken richte ich
mich auf. Um mich herum ist alles feucht und klamm. Meine
linke Hand ist kalt wie Gefrierfleisch, und sie schmerzt, als
wäre mir einer draufgelatscht. Ich sammle mich und stelle
fest, daß während der Nacht Groteskes geschehen ist. Im
Schlaf habe ich die behandschuhte Rechte in den Sack
gesteckt, die entblößte Linke indes dem wärmenden Schutz
entzogen. Es wird seine Zeit dauern, bis sie wieder zu
gebrauchen ist.
Gegen halb sieben zieht die Morgendämmerung herauf, ein
schwacher Schimmer über den Dünen im Osten kündigt die
aufgehende Sonne an. Im Biwak ist noch alles ruhig, wenn
man von uns einmal absieht und den Helfern von »Africatours«, die schon am Kochen sind. Aus den beiden Merce-
des-Trucks kräuselt weißer Rauch himmelan, die Tee-, Kaf-
fee- und Kakaokessel stehen unter Dampf. Das grandiose
Schauspiel eines beginnenden Sahara-Tages schlägt uns in
seinen Bann. Mit derselben Geschwindigkeit, mit der die
Sonne am Abend zuvor hinter die Dünen purzelte,
erklimmt sie nun den gelbschimmernden Kamm. Binnen
weniger Minuten färbt das Licht den Sand wechselweise
grau, mattblau, orange und ocker. Die bunten Schlafsackbündel, die wie Kraut und Rüben zwischen Autos, Motorrädern und Lastwagen umherliegen, beginnen sich zu bewegen. Aus Zelten, auf denen der Tau funkelt, kriechen Drei-
tagebärte. Véronique Anquetil, umgeben von blauen
Motorrädern und den Servicewagen des Yamaha-Teams,

flicht das Haar zu zwei Zöpfen, die Porsche-Stars Ickx, Brasseur, Metge und Kussmaul klappen ihre Campingliegen zusammen, Jochen Mass umkreist seinen 500 SLC mit Schaum vor dem Mund. Er hat die Zähne geputzt und sucht Wasser zum Spülen. Zelte fallen zusammen wie Kartenhäuser, einer wienert seinen Wagen, als gelte es, einen Schönheitspreis zu gewinnen. Iris Berben legt Creme auf die empfindliche Gesichtshaut, weil sie Sonne schlecht verträgt. Für Sascha, unseren Jungmimen, war die Nacht viel zu kurz, er hat als einziger im Team ein Zelt aufgestellt und steht nun griesgrämig davor und überlegt, wie es sinnvoll abzubauen wäre. Motorradfahrer sitzen in Gruppen oder einzeln im Sand und schreiben die Spezialetappe, den »Scratch«, für diesen Tag aus dem Road-Book ab. Die meisten benützen dafür breite Klebebänder, die sie auf den Tank oder an die Ärmel ihrer Kombis heften. Die Werkteams haben ihren Fahrern staubgeschützte Plexiglaskästchen auf den Lenker montiert, in denen die Zahlen und Zeichen des Road-Books über eine Papierrolle ablaufen, die mittels eines Rädchens von Daumen und Zeigefinger bewegt wird.

Auch ich habe Wichtiges zu erledigen. Beeindruckt vom exakten Timing dank Pfirsichkompott und Kaffee, verkrümle ich mich hinter einen der finsteren Basaltblöcke. Da hockt zwar schon einer, aber schließlich sind wir ja eine große Familie, und nicht jeder kann seinen eigenen Felsen kriegen. Wir blinzeln uns etwas verlegen zu, ich sage »Guten Morgen«, er sagt »Bon jour«. Damit hat sich's.

Ab sieben Uhr gibt es Frühstück. Vor den beiden »Africatours«-Mercedes sind lange Tische aufgebaut. Dahinter verteilen die Marketenderinnen wahlweise Kaffee, Tee oder Kakao. Dazu gibt es aufgebackenes Baguette und Marmelade, letztere wird, wie Pfirsichkompott und Crème Caramel, in großen Metzgertrögen angeboten. Am Ende der langen Tischreihe werden rote Täschchen verteilt, die man sich um die Lenden binden kann und in die künftig die Tagesrationen gepackt werden. Schon bald wird uns das bunte Allerlei einerlei sein, denn bis Dakar gibt es täglich das gleiche: getrocknete Aprikosen, Datteln, Feigen, Erdnüsse, Pudding in Dosen, Milch in Pappe und einen vitaminreichen, flüssigen Proteinhammer, der vermutlich wahnsinnig gesund ist, wenn man davon ausgeht, daß der Gesundheit Dienliches in den seltensten Fällen auch gut schmeckt. Erdnüsse und Pudding sind besonders gefragt, dieser Trend zeichnet sich bereits am ersten Morgen ab. Damit man davon nicht unmäßig einsackt, sind zwei Aufpasserinnen da, die einem gleich auf die Finger klopfen, wenn man die anderen Spezereien verschmäht. Um halb acht macht die Küche dicht, denn jetzt wird die Tischreihe zum Podium für den Mann, dem wir dieses Leben mit Dörrobst und Dosenpudding zu verdanken haben: Thierry Sabine, der die Nacht in einer Herberge in El Goléa angenehm verbracht hat, ruft zum »Briefing«. Damit ihn alle hören können, benützt er ein Megaphon. Seit wir auf der Fähre waren, habe ich ihn nicht mehr gesehen. Er sieht schon beeindruckend aus, wie er so da oben steht, gewandet in einen blütenweißen Overall, hochhackige Cowboystiefel, ein weißes Tuch um den Hals gewunden. Um die Hüften trägt er einen braunen Ledergürtel, der der Figur zum Vorteil gereicht.

Sabine benützt ausschließlich seine Muttersprache, obwohl er auch des Englischen mächtig ist. Aber Sabine wäre kein Franzose, würde er sich zu ein paar erklärenden Worten für die Nichtfranzosen in englischer Sprache herablassen. Das und die Tatsache, daß es das Road-Book nur in französischer Fassung gibt, haben Sabine schon wiederholt herber Kritik der Deutschen, Italiener, Engländer und Holländer ausgesetzt. Doch »Jesus« braucht das gelegentliche Murren nicht zu beunruhigen. Es gibt im Feld schließlich ein paar Deutsche, Italiener, Engländer und Holländer, die französisch sprechen. Die können ja übersetzen. Und übrigens: Wem's nicht paßt, kann ja nach Hause fahren.

Einer tut sich das »Briefing« erst gar nicht an, er bringt lieber sein Motorrad in Schuß. Herbert Schek, der Allgäuer, verläßt sich auf seinen Spürsinn und die Summe seiner schlechten Erfahrungen aus zwei »Paris—Dakar«. Der Grund, weshalb er sich den Belehrungen des Meisters entzieht, klingt logisch: »I verschtand' ja sowieso net, was der sagt. Und wenn irgadwo a Loch isch, nacha merk' i des au so.«

Da hat er recht, der Schek. Zweimal schon hat er gemerkt, »daß da irgadwo a Loch isch«, allerdings beide Male zu spät. 1981 hat es ihn kurz vor Tamanrasset erwischt. Da fuhr er zusammen mit dem »alten Capito«, beide auf einer BMW. Bis kurz vor Tamanrasset schlug sich das »Seniorenteam« recht achtbar. Capito lag an der zehnten Stelle, noch vor Auriol und Fenouil, als ihn fürchterliche Magenkrämpfe aus dem Sattel warfen. Er mußte aufgeben. Schek fuhr weiter, mit einem sechsten Platz in aussichtsreicher Position. Südlich von Tamanrasset, wo damals mit dem Bau einer Straße nach Mali begonnen worden war, wurde der baumlange ältere Herr aus Wangen wieder einmal ein Opfer seiner Sorglosigkeit. Ohne Road-Book, sich ausschließlich auf seine Spürnase verlassend, donnerte Schek mit etwa 170 km/h über die noch ungeteerte Rubbelpiste, als sich vor ihm plötzlich eine Grube, 20 Meter lang und drei Meter tief, auftat. Im Stil eines »hell driver« schoß Schek in das Loch, schlitterte über den steinigen Grund und prallte mit voller Wucht an den gegenüberliegenden Erdwall. Mit einem vierfachen Beckenbruch und einem Bruch des Lendenwirbels wurde der Halbtote nach Tamanrasset gebracht, blieb sechs Wochen ohne Bewußtsein und erwachte erst wieder, als er bereits längst im Wangener Krankenhaus war. Den Ärzten muß es wohl die Sprache verschlagen haben, als ihr Patient, kaum bei Sinnen, die drängende Frage beantwortet wissen wollte: »Wo isch mei Motorrad?« Man konnte ihn beruhigen: Deutsche Touristen hatten die Maschine gefälligerweise ins Allgäu mitgenommen. Im Jahr darauf fand die »Paris—Dakar« ohne den Pechvogel aus Wangen statt, weil er noch genesen mußte. Man sollte annehmen, daß der Mann aus dem süddeutschen Bergland das afrikanische Ödland mit all seinen Tücken künftig meiden würde. Schließlich hat man Familie, ein halbes Dutzend Mechaniker, die im eigenen Kfz-Betrieb in Brot und Lohn stehen, und der Jüngste ist man ja auch nicht mehr. So dachten die anderen, Herbert Schek nicht. Kaum wieder in Schuß, Becken und Wirbel neu geordnet, nahm der rotblonde Nimmersatt erneut die Witterung auf. In München, bei BMW, roch es stark nach Interesse. Man wollte Schek für die »Paris—Dakar '83« haben, vor allem als profunden Mechaniker, dessen technischer Einfallsreichtum unverzichtbar schien. Der Allgäuer trug sich abermals in die Startliste ein, dieses Mal — und das zu seiner großen Freude — als Mitglied eines hochkarätigen Werkteams. Schek wurde mit den Stars Auriol, Fenouil und Loizeaux in die Wüste geschickt.

Es ging auch alles gut — bis zur Spezialetappe zwischen Agadez und Niamey. Da geriet die Rallye in einen Sandsturm, der den Motorradlern wie Schmirgel unters Hemd fuhr. Schek, von Teamchef Beinhauer zum Gebrauch des Road-Book ermahnt, lag gut im Rennen und befand sich vor allem auf dem richtigen Weg. Auriol und Fenouil hatten sich zwischen den Dünen verfranst. Die Sicht betrug maximal zwei Meter, wenn überhaupt. Um etwaige zu erwartende Tücken auf der Piste abzulesen, beugte sich Schek über den Lenker, wo in einem Glaskästchen das »Gebetbuch« über eine Rolle lief. Momentane Geschwindigkeit: ca. 80 km/h. Orginalton Herbert Schek: »Auf oimal war da a Löchle im Sand und glei dahinter a Grasbuckele. I hab' bloß no g'merkt, wia der Lenker umschlag't, und dann bi i scho g'floga«. Zwar war dieses Mal der Flugraum weit großzügiger bemessen als beim erstenmal, aber — so Schek — »wenn di' der Herrgott amol am Wick'l hot, laßt er di' nimme los«. Dieses Mal hatte ihm der Herrgott einen Nerv am Rückgrat eingezwickt, und das hat dem Schek so weh getan, »daß i g'schriea hab' wia a Stierle«. 15 Minuten lang lag der Bruchpilot bewegungsunfähig im Sand. Dann kamen Auriol und Fenouil zurück, die zwischenzeitlich ihren Irrtum erkannt hatten. Weitere fünf Stunden verharrten die drei im Sandsturm, ehe ein Range Rover den gebeutelten Schek nach Niamey mitnahm. Zwei Tage später flog Schek nach Paris, um sich in einem Hospital pflegen zu lassen. Kaum lag der Nerv wieder frei, floh der Dickschädel nach drei Tagen aus der Klinik und flog nach Dakar, weil »i da scho dabeisei' wollt', wenn der Hubert als erschter ins Ziel kommt«. Wie sich zeigte, war Scheks Optimismus nicht unbegründet. Hubert Auriol gewann die Motorradwertung der »Paris—Dakar«.

So ist Schek, und Typen seines Kalibers beleben die Rallye. Er gehört zu den Menschen, um die man sich sorgen kann, wenn die eigenen Sorgen einmal knapp werden. Leute wie er machen die Materialschlacht etwas menschlicher und lenken gelegentlich ab vom verbissenen Bemühen mancher Werkprofis zu gewinnen. Scheks träumen davon anzukommen, Auriols alpträumen, nur Zweiter zu werden.

Nach etwa zehn Minuten ist das »Briefing« beendet, Sabine wünscht allen »bonne chance«. Nur er und ein paar ausgewählte Helfer wissen, wie nötig das Glück an diesem Tag für alle sein wird. Die Spezialetappe von El Goléa nach In Salah, eine 297 Kilometer lange Tortur durch Sand und Geröll, wird sich als einer der schlimmsten »Scratches« zwischen Paris und Dakar auszeichnen. Über den Horizonten wölbt sich ein Blau wie aus dem Malkasten. Für das Sehenswerte in und um El Goléa hat niemand Zeit: die angeblich 100 000 Dattelpalmen, die in riesigen Beeten organisierte Blumenpracht oder das Grab des französischen Tuareg-Freundes, Pater Charles de Foucauld, der 1916 eines gewaltsamen Todes starb und heute noch von den »Wüsten-söhnen« als einer ihrer größten Prediger verehrt wird.

Wer es am Vorabend nicht mehr geschafft hat, Sprit zu fassen, muß sich jetzt an der Tankstelle in die Schlange der Wartenden einreihen. Und auch hier läßt die algerische Regierung kräftig zur Ader: Mehr als drei Mark kostet der Liter Treibstoff. Unser M.A.N. ist dem Verdursten nahe. Fast 600 Liter Diesel wollen die beiden Tanks haben. Den Gegenwert bezahlt Sigi, unser »Kassenmeister«, in Gut-scheinen für 1800 Mark. Von dem kleinen Flugplatz aus steigen drei Helikopter in den Himmel, der weiße des »Feldherrn« Sabine, der rote mit dem Notarzt an Bord und der braune »Bell 206 Long Ranger« mit den Münchner Piloten Heiko Zimmer und Hans-Jürgen Ostler, die für spektakuläre Luftaufnahmen unserer Kamerateams sorgen sollen. Punkt acht Uhr starten die Motorräder, während viele der Autos und Lkws noch an der Tankstelle auf Sprit warten.

In Minutenabständen gehen die Zwei- und Dreiräder auf die Piste, die Tanks mit etwa 50 Liter randvoll. Die ersten 136 Kilometer in südöstlicher Richtung sind relativ harmlos, zum Eingewöhnen quasi und als »Liaison«, als Verbin-dungsetappe, typisiert. Am Fort Miribel, einem Überbleib-sel aus der französischen Kolonialzeit, wird erneut gesam-melt. Der Wahnsinn kann beginnen, und wer diesen ersten »Scratch« übersteht, wer aufrecht, gebeugt oder taumelnd in In Salah ankommt, darf sich geadelt fühlen. Ich möchte den »Scratch« gern mitfahren, darf aber nicht, weil ein gro-ßer Teil der Kameraausrüstung auf unserem Brummi ist und auf der Normalpiste zwischen El Goléa und In Salah Spielszenen gedreht werden sollen. Ich bin ob dieser Entscheidung des Regisseurs schlechter Stimmung. Das Road-Book, in dem sich auf den kommenden dreißig Seiten erlesenstes Ungemach in Form von Zeichen und Symbolen ankündigt, hat bei mir einen tiefen Eindruck hinterlassen. Ich hätte zu gern gewußt, was unser Geländeriese zu leisten vermag. Sigi ist nicht traurig über unseren Auftrag, auf der Straße zu bleiben, er liebt das Gemächliche, und Günter ist es Wurscht, wo wir fahren, Hauptsache, die Kameras sind in Ordnung, und es geht nach Süden.

Meine skeptische Distanz zu dem Unternehmen »Paris—Dakar« hat sich verringert. Das wird sich auch wieder ändern, da bin ich sicher. Aber momentan, da sich die Karawane anschickt, den ersten Härtetest zu absolvieren, komme ich mir vor wie ein kleiner Junge, der von seinem Vater zu Weihnachten ein Fahrrad geschenkt bekommt und an Ostern erst mal das Klingeln üben muß, aus Sorge, er könnte sich verletzen. Wie hat Peter Welz vor unserer Abreise in München gewarnt? »Dein Lkw ist das wichtigste Fahrzeug in unserem Team. Du hast alles drauf, was wir für die Dreharbeiten brauchen. Wenn dir was passiert, können wir den Film vergessen.« Das hat er schön gesagt, und irgendwie ging mir das ja auch wie Limonade die Rippen runter. Aber jetzt ist das anders. Ich bin ganz einfach enttäuscht.

Im Osten zwirbeln dünne Staubfäden über das Plateau du Tademait. Die Rallye entschwindet in der Ferne hinter Sand und Geröll. Am Abend in In Salah werden wir sie wiedersehen und erfahren, wie es ihnen ergangen ist. Und etliche werden nicht mehr dabeisein: Arglose, Übermütige und Pechvögel.

Ausgebuffte Wüstenfüchse werden später sagen, daß es das »Brutalste, Gemeinste und Mörderischste war«, was sie jemals erlebt hätten. Der alte Capito, sein Sohn Volker und

88

Véronique Anquetil:
Sieg bei den Motorradmädchen

Ohne Hilfe nach Dakar: Privatfahrer René Daniel

Tanken in der Wüste: Favorit Hubert Auriol

Plattfuß in der Ténéré: Paul Antoine

Das BMW-Team: Auriol, Rahier, Loizeaux (v.l.)

Balance-Akt im Urwald von Guinea

**880 PS in zwei Motoren:
DAF-Truck von De Rooy**

Fußbad: Porsches Service-M.A.N.

Noch Schnellste im Brummi-Feld: die Capitos

Journalistische Fleißarbeit: Schweißen am Presse-Wagen

Karl-Wilhelm, der Mechaniker, haben sogar »die Hölle durchgemacht«, obwohl es ihnen vergleichsweise gut ergangen ist. Aber dem Charakter der Rallye gemäß stärkt eben auch die Übertreibung den Selbstwert. Da wird dann schon mal ein Hupfer über einen Buckel zu einem »Zehnmetersprung über eine Mordsdüne«. Und »noch gemeiner, brutaler und mörderischer« wird's ja, wenn's in die Ténéré-Wüste, in die Wüste der Wüsten, geht. Da wird's dann so wüst, daß »Scratch Nummer eins« allenfalls ein munter züngelndes Fegefeuer war. Denn die »wahre Hölle«, das ist die Ténéré, wie man hört. Ich glaube, das muß alles so sein, denn mit dergleichen halten sie ihren Willen zur Standhaftigkeit mühsam am Leben, da wollen sie's allen noch mal zeigen, sich selbst inklusive. Wenn ein Fahrzeug, ein Bein oder sonstwas zu Bruch gehen, ist dies nichts Unehrenhaftes, sondern dient der Publizität und dem Aufmerksamkeitswert der Rallye. Aber wo bleibt der Dank für all jene, die sich opfern? Irgendwo anzukommen, wo man hin will, ist das Normalste von der Welt. Aber da nicht anzukommen, wo man eigentlich hin wollte — das erregt Aufsehen. Und das müßte belohnt werden. Vielleicht hat Thierry Sabine, der Ideenreiche, darüber auch schon nachgedacht, vielleicht gibt es in Zukunft für die auf der Strecke Gebliebenen — je nach Schwere und Art der Verletzung — das »Verwundetenabzeichen in Gold, Silber oder Bronze« oder zumindest den »Stoßdämpfer mit Schulterband« . . .

Die Spezialetappe zwischen El Goléa und In Salah entpuppt sich als übler Autoknacker. 55 Wagen bleiben während der 297 Kilometerschikane auf der Strecke. Geröllfelder, Felsbrocken, Wadi-Durchfahrten, Hoppel und tiefe Löcher, Querrinnen und Sand, alles, was das Plateau du Tademait an Tücken zu bieten hat, saugen den Fahrern das Mark aus den Knochen. Zudem muß nach Kompaß gefahren werden, da die Markierungen der Piste — so es eine

»Piste« überhaupt gibt — nur unzureichend sind. Zwischen 180 und 270 Grad quält sich das Feld südwärts. Der Rennprofi Bernard Darniche fällt mit Motorschaden an seinem Lada-Niva aus. Jean-Pierre Jabouille und der Sänger Michel Sardou verlieren 40 Minuten, weil die Elektrik ihres Lada Zicken macht. Sie kommen zwar in In Salah an, müssen aber später auch aufgeben. Vater und Sohn Groine aus Frankreich trifft es knüppeldick. Bruno, der 25jährige Junior, fährt einen »aufgeblasenen« Mercedes-Geländewagen sauer, in den die Maschine eines 500 SLC mit fünf Litern Hubraum und 230 PS eingebaut ist. Zu reparieren gibt es nichts mehr. Ein paar Kilometer weiter kommt auch für seinen Vater Georges, 49, das Aus. Mit seinem 360 PS starken Mercedes-Laster, der noch im Vorjahr die Lkw-Wertung gewonnen hatte, schießt er in ein Loch, was ihn die Vorderachse kostet. Ersatz ist nicht in Sicht. Aus, vorbei.
Hubert Auriol, den alle Franzosen so gern siegen sehen möchten, verliert Öl und damit 40 Minuten. Am Etappenziel ist er 23. Sein ärgster Widersacher, der Belgier Gaston Rahier, wird Siebter. Jacky Ickx und Claude Brasseur müssen zweimal Reifen wechseln und kommen als Neunte in In Salah an. Die vier Amazonen im Feld der Motorradfahrer, Véronique Anquetil, die Schwestern Nicole und Marie-Claire Bassot und Denise Grosjean, können sich des Respekts aller gewiß sein. Sie erreichen In Salah erschöpft, aber unbeschädigt. Dem Feld hinterher hecheln die Servicewagen, die ihren Schützlingen so dicht wie möglich auf den Fersen bleiben müssen. Der Vierachser-M.A.N., das längste Fahrzeug im Feld, hat es besonders schwer. Zum einen hat er alle wichtigen Ersatzteile für die schnellen Porsche hinten drauf, deren Piloten gegebenenfalls auf rasche Hilfe angewiesen sind. Zum anderen sind manche Kurven so eng, daß die beiden Lenkachsen den Bogen im ersten Anlauf nicht kriegen. Da geht dann wertvolle Zeit drauf für mehrfaches

Rangieren. Für Herbert Schek und seine Mitstreiter im Feld der Privatfahrer, die auf Firmenunterstützung gar nicht erst zu hoffen brauchen, ist das Problem wesentlich diffiziler. Sie benützen serienmäßige Maschinen bzw. Autos, ohne viel Schnickschnack. So verlangt es das »Marathon«-Reglement. Um dem Veranstalter auch die Gewähr zu geben, daß unterwegs, im Schutz einer Düne oder der Nacht, nicht groß gebastelt wird, sind bei der technischen Abnahme in Paris alle wesentlichen Teile markiert worden. Dazu gehören bei den Motorrädern z. B. die Gabel, Hinterradschwingen, Felgen, Vergaser und Zylinderköpfe. Sollte ein Defekt an einem dieser Teile den Piloten am Weiterfahren hindern, so darf mitnichten ausgewechselt werden. Dann ist die Rallye für den Betroffenen zu Ende, er fliegt aus der Wertung. Dahinter steckt Methode. Auch die Tatsache, daß die schlimmsten Etappen gleich am Anfang der Rallye zu bewältigen sind, hat Sabine, der Fintenreiche, wohl durchdacht. Am Ende der Sahara-Prüfung wird sich das Feld um fast die Hälfte der Teilnehmer reduziert haben, und mit kleinem Troß reist es sich nun mal angenehmer. Der Pulk wird überschaubar, die Abfertigung an den zahlreichen Grenzen geht schneller vonstatten, und an Verpflegung kann auch gespart werden.

Wir, die Leute vom Film, brauchen für die 498 Kilometer lange Strecke von El Goléa nach In Salah knapp acht Stunden. Wir sind als eine der ersten im Camp, und das ist angenehm, weil erst später Nachmittag ist und wir das Terrain für einen optimalen Lagerplatz in Ruhe sondieren können. Die beiden Küchenwagen sind fürs Abendmahl angeheizt, wir drängen unseren Fuhrpark ganz nahe an die beiden Mercedes-Laster, weil es gut ist, neben der Küche zu wohnen. Den ganzen Tag über habe ich getrocknete Aprikosen, Erdnüsse und »Himalaya-Brot« in mich hineingeschoben. Bevor ich zu einem Handstreich fähig bin, muß ich erst wissen, was es

zu essen gibt. Ich bin nun mal ein Mensch, dessen physisches und psychisches Wohlbefinden zu einem nicht unbedeutenden Teil vom guten Essen bzw. der begründeten Aussicht auf gutes Essen abhängig ist. Die Chancen stehen nicht schlecht. Es riecht fein in unmittelbarer Nähe der Küchenwagen. Ein Engel von »Africatours« erkennt meine Leiden, vermag den vorgereckten Hals und das Flattern der Nasenflügel richtig zu deuten. »Coq au vin«, haucht sie. Ich glaube, auch sie hat heute nur Dörrzeug gegessen. Rudi Lechner aus München-Milbertshofen wird am Abend befriedigt feststellen, daß »die Hendlhax'n in dera Weinsoß' zwar koane Schweinshax'n san, aber dafür, daß's bloß Hendlhax'n san, san's net schlecht«. Jetzt ist es kurz vor sechs Uhr, und Essen gibt es erst um acht. Die anderen sind schon dabei, ihre Zelte aufzubauen, heute lohnt die Mühe. Wir haben eine ergiebige Nacht vor uns mit viel Schlaf. Zunächst werde ich auch mein Zelt errichten, was so einfach auch wieder nicht ist, weil mein letzter Zeltbau gut und gerne zwanzig Jahre zurückliegt. Es ist ein sehr modernes Viermannzelt, himalayaerprobt, mit großer Apsis zum Unterstellen von schmutzigem Kochgeschirr oder Koffern zum Beispiel. Es hat ein Moskitonetz, zwei Eingänge und eine Menge Stangen, die — laut Bauanleitung — ganz einfach zusammenzusetzen sind. Wir haben mehrere Zelte, aber jedes ist in Form und Technik verschieden, so daß es müßig ist, den anderen irgendwelche Tricks abzuschauen. Die Bauanleitung ist nicht zu gebrauchen; der Teil, wo draufsteht, wie man's macht, fehlt. Günter läßt keine Gelegenheit aus, um mir seinen technischen Sachverstand unter die Nase zu reiben. In diesem Fall ist mir das recht, weil er mein Zelt aufbaut. Wie gesagt: Es ist ein modernes Zelt, und wenn man weiß, wie's geht, ist alles ganz einfach.
Der erste Motorradfahrer ist da. Es ist Patrick Drobecq auf einer roten Honda. Er hat sie an diesem Tag alle langge-

macht. Verstaubt wie ein vergessener Tölzer Bauernschrank steht er steifgliedrig neben seiner Maschine und ist im Moment ob seines Sieges noch gar nicht so glücklich, weil viel zu erschöpft. Jetzt ist die Ruhe dahin. Einzeln oder in Gruppen knattern Motorräder über den kleinen Flugplatz von In Salah, wo das Camp eingerichtet ist. Es heißt, Jean-Pierre Gabreau und Alain Gabbay haben die Autowertung gewonnen. Die beiden fahren einen blaugrünlackierten Range Rover. Auf beiden Seitenteilen lächelt eine gemalte Badeschönheit, als habe sie Sand zwischen den Zähnen. (Was auch kein Wunder wäre.) Das Benz-Coupé von Jochen Mass hat eine häßliche Delle in der Schnauze. Damit hat der Rennprofi und Schiffseigner aus Bad Dürkheim einen Konkurrenten von achtern gepackt.

Ich bin gespannt, wer mit mir im Zelt schläft. Zwei hätten noch Platz, weil es ein Viermannzelt ist. Drei wären zuviel, da würde ich klaustrophobisch. Einer wäre optimal. Keiner . . . das wäre herrlich. Ich packe meinen Schlafsack ins Zelt, lege mich auf den Bauch und stecke den Kopf ins Freie, wie ein Hofhund, der seinen Knochen bewacht. (Es gelingt mir bis zum Ende der Rallye in Dakar nicht herauszufinden, weshalb keiner mit mir im selben Zelt schlafen will. Die meisten ziehen es vor, unter freiem Himmel zu nächtigen.)

Was mag in den drei Tuaregs vorgehen, die in vornehmer Zurückhaltung das Lager abschreiten? Aus ihren dunklen Augen, die von einem schwarzblauen Schleier umrahmt sind, spricht eine gleichmütige Duldung, vielleicht auch Mitleid. Allah gab ihnen die Zeit; von Eile hat er nichts gesagt. Nur einmal stecken sie die Köpfe zusammen, und ein kaum wahrnehmbares Vibrieren ihrer dunklen Gewänder läßt vermuten, daß sie sich amüsieren. Véronique Anquetil hat ihren Helm abgenommen, breitbeinig, mit hängenden Armen, wankt sie an den drei Tuaregs vorbei. Daß ihre Erschöpfung der Preis für einen prächtigen 43. Platz ist, wird für die drei Tuaregs von sehr geringem Interesse sein. Die Ankunft des Capito-Unimogs als Erster im Feld der Brummis wird als Sensation gehandelt. Er hat dem doppelmotorigen DAF-Ungetüm von De Rooy sechs Minuten abgenommen. Der Holländer wird an diesem Tag noch Zweiter, obwohl es ihm bei 160 km/h zwei Reifen von den Felgen genudelt hat. Für den »alten Capito« ist sein erster Sieg hingegen nur die logische Konsequenz aus finanziellem Aufwand und generalstabsmäßiger Vorbereitung, eine zweckdienliche Symbiose, ohne die bei der »Paris—Dakar« kein Blumentopf zu gewinnen ist. Und so viel kostet das Team Capito die Teilnahme an der Rallye Paris—Dakar:

Startgeld: ca. 11 000 Mark für Lkw plus Besatzung
Lizenzantrag (Rallye-B-Lizenz): 115 Mark pro Person
Africatours (Essen, Hotel in Dakar, Rückflug, Rückpassage für Unimog): 9699,60 Mark
Transportversicherung: 409,50 Mark
Visa: 250 Mark pro Person
Medikamente: 123,50 Mark
Krankenversicherung: 17 Mark pro Person
Impfen: 60 Mark pro Person
Bekleidung für drei Personen: 1850 Mark (ohne Sponsorbekleidung)
Reisegepäckversicherung: 75 Mark
Diverse Nebenkosten: 4200 Mark
ca. 4000 Liter Diesel: 5940 Mark

Einsatz »Paris—Dakar«
ohne Lkw und Eigenleistung: 34 623,60 Mark

Würde man die Vorbereitungszeit und die darin enthaltenen Eigenleistungen mit ca. 700 Stunden à 40 Mark veranschlagen, kämen noch mal 28 000 Mark hinzu, die eine Gesamtsumme von 62 623,60 Mark ergeben würden. Der Spezial-Unimog hat einen Wert von rund 200 000 Mark. Privatsponsoren helfen allerdings, das finanzielle Leid etwas zu lindern. An den Rand des Ruins wird das Abenteuer »Paris—Dakar« Finanzkräftige vom Kaliber Capitos ohnehin nicht bringen. Die Werbewirksamkeit der Rallye ist mittlerweile unbestritten, weshalb auch ein Gutteil des Aufwands dem Fiskus als »Werbungskosten« untergebuttert werden darf. Für Sportjournalisten der schreibenden Presse und des Fernsehens war der Monat Januar bislang reserviert für die Berichterstattung über die wohl klassischste und populärste aller Prüfungen, deren sportlicher Wert im Gegensatz zur »Paris—Dakar« unbestritten ist: die Rallye Monte Carlo. 1984 haben die »Monte«-Veranstalter allen Grund zum Klagen. Weil »Paris—Dakar« und »Monte« terminlich dicht beisammenliegen, entscheiden sich die meisten Journalisten für den Trip durch Afrika und schauen allenfalls auf dem Rückflug von Dakar noch schnell mal im Fürstentum Monaco vorbei. Gehätschelt von der Industrie, angefeindet von den »Monte«-Machern, dem Geld mehr zugetan als dem sportlichen Wettkampf, scheint Sabine recht zu behalten. Wie man hört, sind Überlegungen im Schwange, die »Monte« in den Februar zu verlegen, um sie somit aus dem Sog der »Paris—Dakar« zu zerren.

Die Medien bestimmen die Bedeutung und den Öffentlichkeitswert einer Rallye. Und bis auf wenige Ausnahmen preisen die Journalisten Sabines Karawane über den grünen Klee. Na klar. Hier dürfen sie selbst mitfahren oder mitfliegen, können hautnah die Freuden und Qualen der Rallye durchleben und machen noch nebenbei die schnelle Mark mit einem Geschichtchen oder Filmchen für die zahllosen Publizitätsinteressierten. Bei der »Monte« bibbern sie in der Kälte oder süffeln an einer Bar, und wenn alles vorbei ist, wissen sie, daß Röhrl schon wieder gewonnen hat. Viel mehr gibt es da nicht zu berichten, weil man ja selbst nicht mit drin sitzt.

Endlich ist zum Nachtmahl angerichtet. Verstaubte und schmuddelige Figuren quetschen sich entlang der Tröge, als gäbe es heute unwiderruflich zum letztenmal warme Küche. In den Bottichen dümpeln Hunderte von Hähnchenbeinen im Weinsud. Es gibt auch wieder Crème Caramel und vorneweg eine Suppe, die so dünn ist, als sei ein greiser Ochse beim Wassertreten erwischt worden. Ich nehme dennoch Suppe, weil sie wenigstens warm ist. Man merkt, daß keine Engländer dabei sind, zumindest sind keine auszumachen. Die würden uns zeigen, wie man sich duldsam in Reihe stellt, die kennen das vom Busfahren. Aber die vom europäischen Festland sind da forscher: Mit Klauen und Zähnen arbeiten sie sich ohne Rücksicht auf Verluste vor bis zu den Töpfen. So bleibt es mir auch versagt, der wärmenden Suppe teilhaftig zu werden, weil mir ein kleiner Franzmann in die Quere kommt und meinen gefüllten Blechnapf umstülpt. Die Suppe ergießt sich über meine Latzhose, aber sie wird keine Flecken hinterlassen, da könnte ich wetten. Die Hähnchenschenkel sind so zäh, als hätten sie von Paris bis In Salah hinter dem Küchenwagen herlaufen müssen. Aber der Sud ist o.k. und der Reis auch. Sascha, unser Jungstar im Team, findet das Essen und überhaupt alles »ätzend«. Es sind zu diesem Zeitpunkt schon Zweifel erlaubt, ob der Berliner seiner Rolle als draufgängerischer Motorrad-Freak gewachsen sein würde. Man glaubt ihm das alles nicht so recht, wenn man beim Drehen zuschaut. Jetzt hat er vor dem Zelt seine Kunststoffmatte ausgerollt, verknüpft seine langen Beine zu einem Schneidersitz und beginnt mit einem fernöstlichen Meditationsprogramm. Zunächst verharrt er regungslos mit geschlossenen Augen. Doch plötzlich schlägt er mit den sehnigen Armen wie wild um sich, als trachte er danach, einem imaginären Gegner Furcht einzujagen. Wie von einer Feder getreten schnellt er hoch und schleudert die Beine um sich. Das heißt »Kung Fu«, und Sascha möchte darin Meister werden. Er raucht nicht und trinkt keinen Alkohol, und bei seiner Einstellung, fürchte ich, wird sich das auch nicht mit zunehmendem Alter ändern. Soll er doch! Er wird auch nicht viel älter werden als ich, aber sicher gesünder sterben.

Nach dem Essen wird im Lager die »kleine Nachtmusik« angestimmt, ein bizarres Orchesterwerk aus klingenden Schraubenschlüsseln, fauchenden Schweißgeräten und dem Hämmern der Mechaniker. Ich werde mich daran gewöhnen, so wie ich mich an die kreischenden Radaubrüder gewöhnt habe, die dienstags und mittwochs über meinem Bauernhof tieffliegen. Ob es zu Hause schon Schnee hat? Ich hätte doch das Kühlwasser aus meinem Traktor ablassen sollen. Obwohl: 33 Winter hat der alte »Fendt« ohne Knacks überstanden, warum also nicht auch den 34? Monika, der Hund, der Kachelofen, ein Stück Bauerngeräuchertes, Filzpantoffeln, ein oder zwei Schnäpschen vom Fertl aus Ried bei Seeham. Wieso bin ich eigentlich hier?

Mein Zelt hat, wie gesagt, eine geräumige Apsis. Unter der Apsis steht mein halbwegs staubdichter Aluminiumkoffer, und in dem Koffer ist ein kleiner »Container« mit 0,7 Liter Wegzehrung: Zwetschgenschnaps vom eigenen Baum. In einem Strumpf müßte auch ein Schnapsglas sein, ein »Stamperl« mit zwo cl. Es ist nichts Besonderes, und dennoch bin ich flugs umringt von mehreren, die sich auch einen Schluck lang in meinen Obstgarten träumen wollen. Jost Capito ist der Schnellste, mit der ausgeprägtesten Witterung für Obst, Peter Ambach folgt ihm in kurzem Abstand, ab da ist es nur eine Frage der Zeit, bis es sich herumgesprochen hat. Fast die Hälfte ist raus aus dem »Container«, als ich ihn wieder in den Koffer packe. Und die Rallye ist noch lang . . .

Jacky Ickx — Star mit Kurzschluß

In Salah — Tamanrasset: 667 km

Die Nacht in In Salah ist ausgiebig genug, um für die bevorstehenden 667 Kilometer nach Tamanrasset fit zu sein. Am Morgen das übliche: Frühstück mit Tee, Kaffee oder Kakao, Verpflegung fassen für den Tag, »Briefing« mit Sabine, Zelte und Schlafsäcke einpacken, Kisten auf den Lastwagen verzurren, Klappe zu, Plane runter, Ölstand prüfen, getankt haben wir schon am Vortag. Zunächst geht es erst mal 75 Kilometer auf der Hauptstraße, der N 1, nach Süden. Dann beginnt, abseits der Teerstraße, die Spezialetappe, der »Scratch«, über 225 Kilometer. Wir warten, bis alle, die in der Wertung fahren, gestartet sind. Das dauert gute zwei Stunden. Dann machen wir uns auf den Weg. Die drei »Kleinen« voraus, dann Günter, Sigi und ich und zum Schluß Rudi mit dem Kerosinlaster. Er hat in In Salah 4000 Liter getankt, und da in dem ausrangierten Heizöltank keine »Schwabbelbleche« eingebaut sind, wird es für den M.A.N.-Werkfahrer eine happige Sache bis Tam. Da kann es sein, daß der Treibstoff infolge des holperigen Geländes böse in Schwingung gerät und in einer scharfen Kurve die Kiste einfach umschmeißt. Schwabbelbleche würden verhindern, daß sich in dem Tank eine Welle aufbaut.
Thierry hat wieder mal tief in seine Trickkiste gelangt. Der »Scratch« führt durch ausgetrocknete Wadis, über Sand- und Geröllfelder vorbei an Autowracks, die wie Mahnungen umherliegen, zwischen kaum sichtbaren Steinhaufen hindurch, die irgendwann mal als Orientierungshilfen errichtet worden sind. Gelegentlich, wenn wir uns im Kriechgang an Geröllhalden entlangtasten, steht unser Brummi so schräg, daß ein Windstoß genügen müßte, um ihn umzuwerfen. Ich fahre, wie üblich, das erste Stück. Am Vormittag, wenn die

106

Sonne noch schräg steht, kann man die Schatten der Gruben und Löcher gut erkennen und hat in der Regel genügend Reaktionszeit, um auszuweichen oder im Schneckentempo durchzufahren. Gegen Mittag aber, wenn die Sonne fast senkrecht herunterbrennt und keine Schatten mehr auszumachen sind, wird es arg. In In Salah haben wir den Druck der vier Reifen von sechs auf 0,7 Bar abgelassen. Unser Brummi dankt uns diese Vorsichtsmaßnahme mit wohligem Swingen, und auf den materialzehrenden Wellblechpisten sind die Buckel kaum zu spüren. Zudem schlucken die vier Schraubenfedern das Ärgste, weil sie extrem weich sind und für innigen Bodenkontakt sorgen.

Noch ein paar Daten, für alle, die technisches Machwerk interessiert: Unser Brummi ist mit einem 240-PS-Sechszylinder-Reihenmotor ausgestattet, der auf 100 Kilometer zwischen 30 Liter (Straße) und 60 Liter (extremes Gelände) Diesel schluckt. Wenn er gut aufgelegt ist, macht er 95 km/h. Wie alle an der Rallye beteiligten M.A.N. hat auch unser Laster eine sogenannte Transmatik, ein synchronisiertes Spezialgetriebe mit Wandlerschaltkupplung. Dieser hydraulische Anfahrwandler hat den Vorteil, daß man in tiefem Sand beispielsweise, unter Zuhilfenahme von drei Differentialsperren, aus dem Stand das Drehmoment um das 2,6fache erhöhen kann, was für zusätzliche Zugkraft sorgt. Zudem kann man sanft anfahren wie mit einem Automatikgetriebe. Die Steigfähigkeit ist sensationell: Solange der M.A.N. noch Bodenkontakt hat, fährt er bergauf, was einem Steigungswinkel von 45 Grad entspricht.

Mit so viel Technik unterm Hintern will man's natürlich auch schon mal wissen. Ich überhole unsere drei Geländewagen, die, wie ich im Rückspiegel erkennen kann, in unserer Staubfahne hinterhertaumeln. Der Sturzhelm dämpft das Motorengeräusch zu einem gleichtönigen Brummen. Die Tachonadel pendelt bei 60 km/h. Ich hänge wie angeschmiedet in den Sicherheitsgurten. Günter sitzt in der Mitte, Sigi auf dem Beifahrersitz. Schweiß sammelt sich am Helmrand und rinnt in zarten Bächen entlang der Brauen in die Augenwinkel. Das Terrain ist ruppig, wir sollten nach dem Road-Book fahren. Am Pistenrand steht ein provisorischer Wegweiser. Links geht es ab nach Amguid, einer toten, verlassenen Siedlung. Wir müssen geradeaus, Richtung Tam. Der Zeitpunkt wäre günstig, um das Road-Book zu Hilfe zu nehmen. Der Wegweiser ist ein Anhaltspunkt, um uns neu zu orientieren. Aber es geht ja auch ganz gut ohne. Unmittelbar vor uns fährt keiner, mit Staub und schlechter Sicht haben wir nicht zu kämpfen. Ein paar Kilometer noch, dann werden wir ohnehin eine Pause einlegen, um auf die anderen zu warten, die nicht mehr zu sehen sind. Steine und Geröll fetzen gegen die Schutzbleche, unterm Helm klingt es wie Fingerschnippen mit Handschuh. Das Lenkrad ist ständig in Bewegung, linksrum, rechtsrum, zurückschalten in den vierten Gang, weil's sandig wird und die Räder zu mahlen beginnen. Dritter Gang. Der Untergrund wird wieder fest, vierter, fünfter Gang. Die Tachonadel zittert bei 60 km/h. Und dann ist sie da! Selbst durch den Sturzhelm hindurch trifft mich der Schrei der beiden wie ein Schlag aufs Ohr. »Achtung!« Eine Querrinne, etwa 20 Zentimeter tief, mit senkrecht abfallenden Seiten, kreuzt den Weg. Die Vollbremsung beschönigt nichts mehr. Die Vorderräder tauchen in das Loch, schnellen über die gegenüberliegende Kante, die Gurte, die über beide Schultern laufen, halten mich gewaltsam auf dem Sitz. Der Brummi ächzt und klagt. Und jetzt noch die Hinterräder! Im freien Fall knallen sie auf den Grund der Rinne. Kaum sind sie unten, werden sie über die Stufe wieder nach oben katapultiert. Hinten, auf der Ladefläche, stöhnen Alukisten und Motorrad gemeinsam unter dem festen Griff der Gurte. Ein paar Meter weiter rührt sich unser Brummi nicht mehr.

108

Ich trete auf die Motorbremse, die Maschine gibt auf. Sekundenlang verharren wir in peinlicher Stille. Herrgott! Ist mir das unangenehm. Ich löse die Sicherheitsgurte, nehme den Helm ab. »Tut mir leid«, brummle ich. Sigi sagt, wie meistens in unguten Situationen, gar nichts.

Günter bläst sich auf: »Gib doch Obacht! Jetzt ist bestimmt was hin.«

Im Rückspiegel kündigen sich unsere drei Geländewagen an. Ich nehm' das Mikro: »Lkw an Pickup, kommen!«

»Hier Pickup. Was gibt's?«

»Paßt auf! Da kommt ein tiefes Loch. Wir sind grade voll reingesegelt. Mal sehen, ob noch alles dran ist. Ende.«

Günter und Sigi sind schon draußen. Der Schweizer schaut sich die Gegend an. Solange er nicht selbst fährt, ist ihm alles, was mit dem Laster zu tun hat, lästig. Die Reifen haben, gottlob, nichts abgekriegt, die Achsen auch nicht, das stellt der Oberpfälzer erleichtert fest. Jetzt sind auch die anderen da. Günter rumort unter der Plane, er nimmt seinen Job als »Lademeister« sehr ernst, was auch gut ist, weil wir immerhin Filmgerät für zigtausend Mark hinten drauf haben. Aber auch die Kisten scheinen unseren Absturz schadlos überstanden zu haben. Sascha lehnt am »Pickup« und zieht ein Gesicht, als sei er eben erst aufgewacht. »Scheißgegend«, murrt er und empfindet sie — natürlich — »ätzend«. Ganz im Gegensatz zu Jost, der bester Dinge ist, weil er heute endlich mal Motorrad fahren darf. Der Südwestfale ist schon rundum angestaubt, seine einstmals weiße Motorradkombi gerät zusehends ins Roströtliche. Wenn es nach ihm ginge, würde er die gesamte Rallye auf der BMW abreiten, aber als Stuntman hat er sich für schwierige Filmszenen zu schonen. Wenn er sein Diplom in der Tasche hat, will der junge Capito die »Paris—Dakar« auf einer präparierten 1000er BMW mitfahren, die seinem Vater gehört und auf der der Belgier Gaston Rahier bereits im Vorjahr sein Glück versucht hat, mit mäßigem Erfolg. Moralische Unterstützung vom Moto-Cross-Weltmeister Rahier hat Jost reichlich: Der Belgier ist sicher, daß der talentierte Draufgänger unter die ersten fünf kommen könnte.

Jetzt fährt Günter, Sigi rutscht auf den Mittelsitz, die drei Geländewagen setzen sich an die Spitze. Für sie ist es angenehmer vorauszufahren, da brauchen sie nicht unsere Staubfontänen zu schlucken. Im Hauptfeld passiert währenddessen Spektakuläres. Jacky Ickx' Porsche bleibt auf halber Strecke mit einem Kabelbrand liegen. Die Drähte hinterm Armaturenbrett sind reihenweise durchgeschmort. Fast eine Stunde lang wartet der Belgier auf seinen Service-M.A.N. Er macht sich schon mit dem Gedanken vertraut, von Tam aus nach Paris zurückzufliegen, als der Werkstatt-Brummi auftaucht. Es sieht schlecht aus, und Ickx-Beifahrer Brasseur ist den Tränen nahe. Neunmalkluge plappern Kauderwelsch, geben Tips, die nicht zu gebrauchen sind, Siebengescheite, die eigenes Ungemach schon hinter sich und deshalb Weile haben, da nicht mehr in der Wertung, orakeln eine düstere Zukunft für die drei Porsche. Das habe man ja schon in Paris kommen sehen, daß die Asphaltflitzer auf der Piste schlecht aussehen werden, null Chancen hätten sie gegen die langbeinigen Geländeprofis von Rover, Mercedes, Toyota und Mitsubishi und überhaupt ... Wer wie Jacky Ickx die Jahre des Erfolgs im Dunstkreis aufdringlicher Besserwisser verbracht hat, kann damit umgehen. Der Belgier bleibt cool, weil er etwas weiß, was die meisten, die den angesengten Porsche umlagern, nicht wissen: Eckehart Kiefer, sein Chefmechaniker, hat »goldene Hände«, und wenn er operiert, gleicht dies einer Transplantation unter erschwerten Bedingungen. Der 31jährige aus dem Versuchszentrum Weissach reißt dem Porsche das marode Kabelgedärm aus dem Leib, ersetzt es durch neues, schließt die Wunde und schickt den binnen einer Stunde genesenen

Patienten wieder auf die Strecke. Ickx fällt zwar auf den 139. Platz zurück, aber er bleibt im Rennen. René Metge wird in Tam Dritter und Roland Kussmaul 15. Und der Weg bis Dakar ist noch weit.

Für das Porsche-Team geht es um wesentlich mehr, als den Namenszug des englischen Zigarettensponsors mediengerecht durch Afrika zu kutschieren. Seit Jahren wird im Weissacher Versuchszentrum an einem vierradgetriebenen 911 Carrera gebastelt, einer sogenannten Gruppe-B-Version für Renn- und Rallye-Einsätze. Die Idee, bereits vor dem geplanten Zeitpunkt einen Härtetest zu absolvieren, stammt von Jacky Ickx. Er besorgte den Sponsor für die Rallye-Kosten, Porsche stellte drei Prototypen der Allrad-Carreras zur Verfügung, nebst Ersatzteilen und Mechanikern. Zwei »Paris—Dakar«-Sieger (Ickx und Metge) sowie der Vierrad-Projektleiter Roland Kussmaul müßten das Risiko kalkulierbar machen, dachten die Schwaben. Die Metamorphose vom schneidigen, antrittschnellen Asphalt-Cowboy zum langbeinigen, robusten Wüstenschiff geht natürlich ans Innenleben. Fast der gesamte Kofferraum ist mit einem 120-Liter-Benzintank ausgefüllt, ein zweiter Tank mit 150 Liter Fassungsvermögen befindet sich hinter den beiden Fahrersitzen. Auf diesen Hecktank sind zwei Ersatzräder gebettet, dem »Paris—Dakar«-Reglement entsprechend. Für nützlichen Krimskrams und persönlichen Schnickschnack bleibt in der Enge der Kabine, die durch einen Stahlüberrollkäfig noch kleiner wird, nicht viel Platz. Mit an Bord: hydraulischer Wagenheber mit Kompressor, Spezialwerkzeuge, zwei Fünf-Liter-Wasserkanister, ein Sicherheitspaket mit Signalspiegel, Kompaß, Feuerzeug, Rettungsdecke, Turban gegen Sonnenstich, Leuchtraketen, Rauchbomben, zwei Schlafsäcke, Notsender, Funkgerät, Verbandskasten, Medikamente, Schlangen- und Skorpionserum, Abschleppgurte, eine Sandschaufel. Hinzu kommen persönliches Gepäck,

Feuerlöscher und die Fahrtunterlagen mit Road-Book und Landkarten. Vollgetankt wiegt die ganze Kiste etwa 1400 Kilo. Durchschnittsverbrauch während der Rallye Paris—Dakar: ca. 18 Liter pro 100 Kilometer.

Die Feinheiten allerdings sind auf Anhieb nicht zu sehen. Die Antriebswellen sind hohl gebohrt und die Gelenke abgedreht, um Gewicht zu sparen, die Hinterradschwingen sind zum Schutz gegen Steinschlag kunststoffbeschichtet. Um ganz nach Bedarf die Gewichtsverteilung zwischen Vorder- und Hinterachse zu ändern, kann über einen Mehrwegehahn der Treibstoff im Stand oder während der Fahrt beliebig umgepumpt werden. Den gesamten Unterboden schützt eine über zehn Millimeter dicke Kohlenstoff-Kevlarplatte. Kevlar ist zäh, elastisch, bruchsicher und leichter als Aluminium und wird auch zum Veredeln von Rennyachten verwendet. Die Kabel allerdings sind ganz normale Kabel und schmoren gern.

Wer Autos mag, ist von derlei ausgeklügelter Technik leicht zu beeindrucken. Auch ich gebe mich gelegentlich der Vorstellung hin, wie es wohl sein mag, mit über 200 km/h durch die Ténéré zu fegen. Aber am Abend, wenn die Porsche mit den anderen im Biwak eintreffen und die Piloten sich aus ihrer Enge schälen, weiß ich, wie gut ich's getroffen habe.

Fünf Kilometer vor der Arakschlucht endet die Spezialetappe. Das letzte Mal war ich vor acht Jahren hier. Es ist ein Gefühl, ähnlich wie in einer großen Stadt, die man nur flüchtig kennt, aber e i n Gebäude bleibt meistens in der Erinnerung haften; eine Kirche vielleicht oder eine Kneipe oder ein ungewöhnlicher Turm. Für mich ist die Sahara in diesem Moment vergleichbar mit der großen Stadt, und der Punkt, der in meinem Gedächtnis haftet, ist ein Gebirgsstock, den die Arakschlucht durchschneidet. Der ebene, sandige Platz mit einer Tankstelle, an der es zwar Benzin, aber kein Diesel gibt, der Bretterverschlag, in dem ein alter

Targi Tee verkauft, alles ist wie ehedem. Neu indes ist ein Schild, das die Fahrt durch die Arakschlucht verbietet. Die »Deviation«, die Umleitung, führt rechtsherum, zwischen Hügelland hindurch auf einer Sandpiste, das sind etwa 60 Kilometer Umweg. In der Arakschlucht wird derzeit die Straße repariert, damit es die Touristen in Zukunft noch leichter haben, Tamanrasset rasch zu erreichen. Wir brauchen unbedingt Diesel und werden von dem alten Targi zu einer neuen Tankstelle geschickt, die unmittelbar vor dem Eingang der Arakschlucht liegt. Das sind knapp drei Kilometer, und die schaffen wir noch spielend. Buschwerk und Bäume stehen da, saftiggrün, und es gibt frisches Trinkwasser aus dem Gartenschlauch und weniger frisches aus einer Zisterne. Das soll unser Brummi haben, als Kühlung. Wir füllen zwei Kanister voll, was seine Zeit dauert, da wir das trübe Wasser aus einer Tiefe von schätzungsweise 25 Metern mit Seil und Plastikeimer nach oben ziehen müssen.

Während Günter und ich Wasser fassen, bezahlt Sigi den Sprit, und weil er sehr gut französisch spricht und der Tankwart auch, erfahren wir von einem Abkürzer, der uns den Weg zurück und somit die Zehn-Kilometer-Schleife um das Hügelland erspart. Nur, ganz problemlos sei die Sache nicht, weil es nicht mal eine Piste gibt und tückische Sandlöcher höchste Aufmerksamkeit abfordern. Sollten wir steckenbleiben, wird's zappenduster. Da müßten wir dann »Rot« schießen, um das Teilnehmerfeld auf unsere Notlage aufmerksam zu machen. Unser Funkgerät würde die Entfernung bis zur Hauptpiste auf keinen Fall mehr schaffen. Hubert Greschbach, ein lustiger, unbekümmerter Schwabe und Serviceman von Jochen Mass, hat seinen grünen Benz-Geländewagen auch an die Zapfsäule gestellt. Sein Beifahrer, Helmut Pohl, ist Dentist. Gut zu wissen; falls wir irgendwann mal aufm Zahnfleisch daherkommen sollten. Greschbach ist auch für abkürzen, bittet aber vorsichtshalber, vorausfahren zu dürfen, damit wir ihn nicht aus den Augen verlieren. Wir tauchen in südwestlicher Richtung hinab in die Ebene, an deren Ende Sabines Karawane dünne Staubfäden hinter sich herzieht — nicht viel mehr als ein Furz im Wüstenwind.

Ich weiß nicht mehr genau, wer fährt, Günter oder ich. Sigi auf keinen Fall, der fährt zu diesem Zeitpunkt nur auf halbwegs brauchbaren Straßen. Ist auch egal, wir sind alle drei gleichermaßen angespannt, halten Ausschau nach dunklen Flecken im Terrain, weil die noch am ehesten festen Untergrund versprechen. Der Schwabe Greschbach, etwa 200 Meter vor uns, düst wie der Henker. Sein Benz hüpft wie ein Ziegenbock von einem Buckel zum nächsten. Zwei Differentialsperren ziehen unseren M.A.N. wie auf Schienen durch knietiefen Flugsand. Es fällt schwer, den Blick unverwandt auf den grellen, gleißenden Boden zu heften.

Oh, Hubert! Jetzt hast du gepennt! Der grüne Geländewagen vor uns wird langsamer, sackt ab zur einen Seite, die Räder mahlen im Stand, graben sich ein, wollen nicht mehr weiter. Wir machen einen Bogen, um nicht auch in dem Loch zu versacken. Zweiter Gang, volle Drehzahl. Der Boden wird etwas griffiger, Strauchwerk wird niedergewalzt und knackt unter den Reifen. Wir können anhalten. Greschbach steigt aus und lacht. Er steht bis über die Knöchel im Sand und hält auf angewinkelten Armen die Handflächen nach oben, als wolle er sagen: »Ich kann nichts dafür. Schuld ist mein Copilot oder Mercedes oder die Wüste als solche.« Ich klinke den Abschleppgurt an der Anhängerkupplung ein, Greschbach nimmt das andere Ende und versucht es an seinem Wagen zu befestigen. Aber da fehlen noch gut zwei Meter. Günter tastet sich mit unserem Brummi vorsichtig zurück, Zentimeter um Zentimeter, weil der Sand immer lockerer und tiefer wird. Die Hinterräder des M.A.N. sinken ein bis zu den Felgen. Ein halber Meter

noch! Jetzt gibt auch der Boden unter den Vorderrädern nach. Himmel! Wenn wir da bloß wieder rauskommen! Jetzt hat Greschbach den Schleppgurt unter der Stoßstange eingeklinkt, stapft zurück ins Auto. Sigi und ich geben die Kommandos. Der Gurt spannt sich, die vier M.A.N.-Räder krallen sich in den Sand, versuchen Halt zu finden. Ganz, ganz langsam kommt Bewegung in die beiden Fahrzeuge, der Lkw schüttelt sich wie im Fieber, jetzt, endlich packen die Vorderräder tüchtig zu. Günter macht seine Sache wirklich gut. Mit zweitem Gang und Vollgas rettet er auch die Hinterräder auf das Festland, und jetzt geht die Post ab! Wie Spielzeug schlingert der Gelände-Mercedes durch die sandige Suppe, hüpft über den Rand der Schüssel und torkelt am Gängelband hinter dem Brummi her. Günter fährt noch 20 Meter weiter, bis steiniger Boden den Sand ablöst. Ohne Zwischenfälle erreichen wir die Piste. Für Greschbach, den ich — nomen es omen — »Crashbach« nennen möchte, sind die Leiden erst am Anfang. Wie Kerben im Gewehrkolben eines Kopfgeldjägers sammelt der 27jährige Schwabe künftig Dellen und Schrammen, die beredtes Zeugnis von überstandenen Abenteuern ablegen. Ein Überschlag in unwirscher Gegend verändert das Serienmobil endgültig zu einem Prototypen mit einmaliger Technik. Da der Motor während des Saltos aus der Halterung bricht und Schweißen keinen Erfolg verspräche, umwickelt »Crashbach« den Motorblock mehrfach mit Drahtseil, und das genügt ja auch. Mit dieser Konstruktion, die dem Motor das Aussehen eines sorgsam gewickelten Rollbratens verleiht, ist Greschbach immerhin noch 3000 Kilometer in rauhem Gelände gefahren.
140 Kilometer vor Tam ist für diesen Tag das Schlimmste überstanden. Für die meisten zumindest. Die Sandpiste mündet in einer Teerstraße mit brauchbarer Decke. Um von der schlechten auf die gute Straße zu gelangen, muß man sich behutsam über die etwa 30 Zentimeter hohen, schräg

abfallenden Bankette tasten; für Autos kleineren Zuschnitts und Motorräder kein ganz ungefährliches Unterfangen, wenn man zu schnell dem abrupt beginnenden Asphaltvergnügen zustrebt. Die beiden Elsässer Rallye-Piloten Mario Muller und Patrick Wisson sind blind in die Falle getappt. Am Fahrbahnrand steht ihr Mitsubishi-»Pajero«, um und um verbeult, die Frontscheibe gesplittert. Wir halten an. Sigi baut seine Kamera auf. Das wollen die Leute im Kino sehen, das schmerzverzerrte Gesicht der Rallye! Neben dem Autowrack liegt Patrick Wisson, leise wimmernd. Helfer haben seinen zerschundenen Körper mit einer Plane zugedeckt. Sein linker Arm ist zertrümmert, vermutlich hat er auch am Kopf was abgekriegt. Ich frage einen Japaner, ob wir irgendwie helfen können. Ja, sagt er, wenn wir über Funk einen Hubschrauber verständigen könnten. Günter hat alles mit angehört und setzt sich ans Funkgerät. Wie das denn passiert sei, möchte ich von dem Japaner wissen. Die beiden Elsässer, so sagt er, seien wohl zu schnell über das Bankett gefahren. Der »Pajero« habe sich überschlagen, und das Schlimmste sei, daß die beiden ihre Helme kurz vor Beginn der Teerstraße abgenommen und die Sicherheitsgurte gelöst hätten. Mario Muller, der Fahrer, sitzt mit einem Schock am Straßenrand. Die Sonne neigt sich bereits nach Westen, so spendet das Autowrack wenigstens kühlenden Schatten für die Verletzten. Günter funkt unablässig: »M.A.N. an Hubschrauber. Kommen!« Keine Antwort. Der Verletzte liegt seit einer Stunde da, er muß unbedingt ins Krankenhaus. Ihn mit dem Auto, ohne ärztlichen Beistand, zu transportieren, wäre unverantwortlich.

Zum erstenmal wird mir klar, wie elend man dran ist, wenn es einen während der Rallye richtig erwischt. Wo sind die fünf Ärztewagen, wo, verdammt noch mal, treiben sich die fünf Toyotas herum, die als Funk-Relaisstationen eingesetzt sind? Und wo ist der Hubschrauber mit dem Notarzt?

116

Wenige Kilometer nach der Unfallstelle beginnt das Hoggar-Gebirge. Wenn die Hilfsfahrzeuge und Helikopter schon in Tam sind, können wir hier warten, bis wir schwarz werden. Unser CB-Funk würde keinen erreichen. Günter funkt seit fast einer Stunde. Endlich schiebt sich über den Kamm des Hoggar ein kleiner Punkt, der sich auf uns zubewegt. Es ist ein Hubschrauber. Durch mein Fernglas erkenne ich den braunen Helikopter aus München. Minuten später landet Heiko Zimmer. Nein, mitnehmen könne er den Verletzten auf keinen Fall. Wenn der während des Fluges »hops«gehe, könne er als Pilot in Teufels Küche kommen. Heiko hat zudem keine Bahre an Bord, und die Kiste ist vollgepackt mit Kameraequipment. Aber er wolle hoch aufsteigen, um über die Notfrequenz den Arzt-Helikopter anzufunken. Das macht er auch und hat nach einer halben Stunde Erfolg. Der rote »Cap 180«-Hubschrauber, das fliegende Hospital, lädt den Schwerverletzten ein und bringt ihn nach Tam. In weiten und engen Schleifen zieht sich die Straße nach Tamanrasset hinauf in die Berge des Hoggar. Der Aufstieg wechselt mit rasanten Abfahrten, die, wie ein Blick in die zerklüftete Tiefe erkennen läßt, allzu Eiligen schon zum Verhängnis geworden sind. Ausgebrannte und geplünderte Gerippe von Omnibussen, Lastwagen und Pkws, im Laufe der Jahre abgestürzt, aber nie beiseite geschafft, rostrote, bizarre Gebilde im düsteren Einerlei des schroffen Felslandes. Weiße Hoggar-Kamele stecken ihre Köpfe in die geborstenen Wracks, im windgeschützten Inneren wächst vermutlich Gras. Ich fahre das letzte Stück bis Tam. Im vierten Gang tastet sich unser Brummi bergab. Die Nacht bricht so schnell über uns herein, als befänden wir uns in einem Topf, dem ein Deckel aufgesetzt wird. In der Finsternis erreichen wir Tamanrasset, mehr als 1300 Meter über dem Meer gelegen. Einer von Sabines Leuten steht am Straßenrand und dirigiert uns in die Nähe des Flugplatzes, wo das Biwak für die Nacht eingerichtet ist. Alle, bis auf Peter Welz und Jost Capito, sind schon da, haben auch schon gegessen, was Sigi, Günter und ich jetzt auch tun werden.

Die Yamaha-Leute sind ausgelassen, sie haben auch allen Grund dazu. Serge Bacou hat die heutige Spezialetappe mit Ziel Arak gewonnen, und im Gesamtklassement führt sein Teamkollege Jacky Vimond. Bacou ist noch Zweiter. Jan De Rooy mit seinem zweimotorigen DAF-Monster hat es den Capitos gezeigt, die Zweite werden. Mit aufdringlichem Geknatter kündigt sich unser »Pickup« an.

Ich glaube, den »Datsun« mit seinem aufgehübschten Auspuff könnte ich unter fünfzig anderen heraushören. Jost geht erst mal zu Papa, um die Erfolgsbilanz des heutigen Tages zu erfragen. Ich bin zwar schon fertig mit dem Abendessen, aber weil's im Augenblick nichts zu tun gibt, begleite ich Peter Welz zum Küchenwagen. Es lohnt sich, denn er erzählt mir eine hübsche Geschichte, die er und Jost unweit von Tam erlebt haben, die Ursache für ihr verspätetes Eintreffen im Camp.

Die Straße durchs Hoggar-Gebirge hat, wie ja bereits beschrieben, aufsteigenden und abschüssigen Charakter. Auf einem zu Tal führenden Stück recken sich im Lichtkegel der »Pickup«-Lampen in Nähe des rechten Fahrbahnrandes plötzlich vier Männerarme in die Höhe und geben eine Notlage zu erkennen. Peter Welz deutet die Situation richtig und hält an. Die beiden um Hilfe bittenden Franzosen Alain Tissier und Christian Marsault sorgen sich um ihre Citroën-CX-Limousine, deren Motor nicht mehr will. Haben wir gleich, sagt Welz und bringt den »Pickup« in Schlepposition. Jost verbindet die beiden Autos mit dem Seil, und nun geht's fürs erste mal bergab. 40 km/h, denkt Welz, sei für einen Schleppverband in kurvigem Gelände ein vertretbares Tempo. Den Franzosen aber geht das zu langsam, im Rück-

118

spiegel drängt sich das Scheinwerferpaar immer näher an den »Pickup« heran. Jost, der es ohnehin lieber schneller als langsam mag, ermuntert Welz zu einer flotteren Gangart. Also 60 km/h. Die Franzosen scheinen zusehends einem auf dieser Strecke nicht ganz risikolosen Geschwindigkeits-rausch zu verfallen und scheren jetzt sogar seitlich aus, was einem Überholversuch schon sehr nahekommt. Welz, mit aufkommendem Unbehagen, gibt Gas bis 80 km/h. Jetzt bleibt der Citroën zwar in angemessenem Abstand zurück, beginnt aber wild hin und her zu tanzen, unter Ausnützung der gesamten Fahrbahnbreite. Plötzlich brüllt Jost »Ach-tung!«, was nicht nötig gewesen wäre, denn auch Peter Welz hat eine Brücke erkannt, die mit einer Stufe aufwärts anfängt und vermutlich mit einer Stufe abwärts endet. Den Schleppern gefriert das Blut in den Adern, den Geschlepp-ten sicher noch nicht, weil sie nichts sehen können. Der »Pickup« bäumt sich auf, schießt lauthals klagend über die Asphaltkante, die beiden Franzosen mit 80 km/h hinterher. Am Brückenende folgt etwas freier Fall, weil tatsächlich eine Stufe abwärts führt. Dann geht es bergab, was die bei-den Franzosen aber nicht hindert, abermals seitlich auszu-scheren, so daß ihre Scheinwerfer schon in gleicher Höhe mit den Hinterrädern des »Pickup« sind. Nach kurzer Berg-fahrt stabilisiert sich die Lage wieder. Welz hält an, um die beiden zu einer gemäßigteren Fahrweise zu ermahnen. Die Franzosen sind bereits ausgestiegen und sehen ungewöhn-lich blaß aus. Die Fahrbahn ist wieder eben und frei von Gefälle. In wilder Hast lösen Tissier und Partner das Abschleppseil. Ob denn der Motor wieder o.k. sei, möchte Welz wissen. Das gerade nicht, gibt Alain Tissier zu, aber das größere Problem sei — und das beschäftige ihn weit mehr — der totale Ausfall der Bremsen. Man wolle doch lie-ber versuchen, den Schaden an Ort und Stelle zu beheben. Jost und Peter fahren schweigend und fröstelnd ins Camp.

Die Ténéré: drei Höllentage

Tamanrasset — Agadez: 2048 km

Am Abend in Tam tragen Thierry Sabines Herolde die Kunde ins Lager, daß der Feldherr belieben, seine Pläne für den nächsten Tag zu ändern. »Aus kulturellen Gründen« (eine absurdere Formulierung habe ich während der gesamten Rallye nicht mehr gehört) habe es das algerische Gouvernement untersagt, die 450 Kilometer entfernte, in nordöstlicher Richtung liegende Stadt Djanet anzufahren. »Aus militärischen Gründen« wäre einleuchtend, denn in Djanet befindet sich eine Garnison mit algerischen Landsern. Aber auch das wäre noch Unfug, denn hinter jeder dritten Düne trifft man in Algerien auf militärische Präsenz. Jedoch, das Heer der Freiwilligen murrt nicht, es ist süchtig nach Sand und Qualen, ist immer noch hungrig nach Entbehrungen, das Mannbarkeitsritual, »das Knaben zu Männern macht« (Sabine) oder »Männer zu einem Häufchen Elend« (d. Verf.), tritt in die entscheidende Phase. Was Sabine aus den Mädchen machen möchte, geht allerdings aus keinem seiner markigen Slogans hervor. Der Streß mit dem »Scratch« sieht für die nächsten drei Tage folgendermaßen aus: von Tam zuerst in südöstlicher Richtung nach Iferouane (370 km), dann nordöstlich nach Chirfa (559 km), weiter nach Süden zur Oase Dirkou (239 km) und von Dirkou in südwestlicher Richtung nach Agadez (617 km).

Wir, denen »Hollywood« im Moment wichtiger ist, als durch die Ténéré zu schaukeln, werden erst in drei Tagen, in Agadez, mit der Heerschar der Gepeinigten wieder zusammentreffen. Unser nächstes Ziel ist Arlit in der Republik Niger, dort möchten Welz/Bretzinger einen ganzen Tag lang Spielszenen drehen. Damit dem Kinopublikum später aber nicht das Treiben der Rallye verborgen bleibt, wird unser französisches Kamerateam im Hubschrauber von Heiko Zimmer den Troß begleiten. Rudi Lechner startet schon in aller Herrgottsfrühe mit seinem Kerosinbomber Richtung Iferouane. Neben ihm sitzen Wolfgang Leubl, der Hubschrauber-Mechaniker, und Ulli Distel, ein arbeitsloser Förster, im Brummi. Leubl würde natürlich lieber fliegen, darf aber nicht, weil der Helikopter ohnehin schon bis über die Hucke bepackt ist.

Sigi, Günter und ich gehen in Tam erst mal »shopping«. Ich hätte gerne Sandalen, finde jedoch nichts Adäquates, aber frisches Weißbrot gibt es in mehreren Größen, also nehme ich fünf Stangen Baguettes. Sigi und Günter kaufen einen Karton voll Thunfisch und Sardinen. Vor dem Frisörladen gegenüber parkt ein verstaubter »Käfer« mit Heilbronner Kennzeichen. Ein blonder Bursche läßt sich schön machen für die Wüste. Kann sein, daß er über den Löffel barbiert wird, falls er der Preise nicht kundig ist. In Tam weiß man längst mit Touristen umzugehen. Heute ist Markttag, und an jeder Ecke stehen Tuaregs. Gegen zehn Uhr haben wir unsere Besorgungen erledigt, unser kleiner Konvoi sammelt sich am südlichen Ortsausgang von Tam. Die nächsten 58 Kilometer sind laut Road-Book Teerstraße, auf der wir dem Rallye-Feld folgen. Eine korrekte Beschreibung wäre: Die nächsten 58 Kilometer sind Piste, deren Löcher mit Teer umrandet sind.

Die Rallye ist unterwegs in östlicher Richtung, wir sehen es an den zahllosen, noch unbeschädigten Reifenfährten. Unser kleiner Trupp zieht über Sand und schwarzen Lavakies nach Süden, wie ein Häuflein Disqualifizierter, das sich schmollend seinen eigenen Weg sucht. Wir befinden uns auf einer Piste der Kategorie B 2, phantastisches, ödes Kara-Ben-Nemsi-Traumland, pflanzenarm, wasserlos, menschenleer, kamelfrei. Die Piste ist schnurgerade wie die Startbahn West, bloß nicht so glatt, aber manchmal um ein Vielfaches breiter, gelegentlich bis zu einem Kilometer. Die Ränder sind zu erkennen an Steinhaufen, Autoreifen oder alten Ölfässern, falls sie der letzte Sandsturm nicht zugedeckt hat. Man tut gut daran, ab und zu den Kompaß zu befragen, denn auf menschliche Siedlungen werden wir während der nächsten 400 Kilometer nicht treffen. Wir hangeln uns entlang der Reifenspuren, die aus Süden kommen oder dorthinführen. Nicht mal Dünen gibt es hier, wir fahren über einen gigantischen, abgeräumten Tisch.

Die anderen sind unterwegs nach Iferouane, da wirft das Tischtuch in den Ausläufern des Hoggar üble Falten. In Agadez werden sie uns alles erzählen:

Herbert Schek, der Allgäuer, ist wieder mal ohne Road-Book unterwegs. Das wurde ihm in Tam samt Rucksack und Ortungsgerät geklaut. Ersatz-Road-Books gibt es nicht. Ein aus der Wertung gefallener Motorradfahrer leiht ihm seinen Rucksack, der ist zwar leer, was der Kontrolleur am Start aber nicht weiß. Und wer würde schon ohne Road-Book und ohne Balise auf die Piste gehen? Der Mann muß neu sein, sonst würde ihn der Name Schek mißtrauisch machen. Doch der Allgäuer passiert unbehelligt die Startlinie, er wird sich wieder mal auf seine Nase verlassen. Grob gerechnet 350 000 Quadratkilometer groß ist der »Bolzplatz«, auf den Sabine seine »Knaben« führt, wo sie mal richtig Dampf ablassen können. Jochen Mass kippt gleich zu Anfang mit seinem Benz-Coupé koppheister über eine Düne und muß zwei Stunden lang unter sengender Sonne Wasserkühler, Querlenker und Auspuff reparieren. Ein unter Sand versteckter Felsbrocken hat seinem Fahrzeug die Wunden zugefügt. Zehn Kilometer vor Iferouane bleibt das Honda-Gespann von Holger Roth und Lothar Peschel mit einem Schaden am Kettenlager liegen. Die beiden sind aus Memmingen, Allgäuer wie Herbert Schek. Holger Roth, Inhaber eines Motorradgeschäfts, war schon 1981 mit seinem

122

Freund Gregor Haug dabei. Damals kam das Aus 1300 Kilometer vor Dakar. 1982 wollte sich Roth besonders gewissenhaft auf die »Paris—Dakar« vorbereiten und absolvierte ein paar Trainingswochen in Tunesien. Zum Start in Paris indes brauchte er gar nicht anzutreten, weil er schon vom Training mit gebrochenen Rippen und Wirbeln heimkehrte. Sein Schmiermaxe von 1981 übernahm daraufhin die Maschine und kam mit Lothar Peschel, dem Mann im »Boot«, auch tatsächlich in Dakar an. Roth/Peschel schieben ihr Gespann noch zehn Kilometer bis Iferouane, fliegen mit einem kleinen »Stoppelhopser« nach Agadez, von da aus nach Niamey und zurück nach Paris. Das marode Gefährt wird, so alles halbwegs klappt, in zwei oder drei Monaten in Algier eintreffen. Da wird es Holger Roth dann abholen. Im nächsten Jahr will er wieder dabeisein. Unverdrossen, süchtig wird er eine neue, stärkere Maschine für 1985 präparieren. Warum? »Weil die Rallye Paris—Dakar für einen Motorradfahrer das größte aller Abenteuer ist.« So also ist das . . .

Jacky Ickx, wegen des Kabelbrands vor der Arakschlucht im Klassement weit zurückgefallen, legt auf den Flachstücken der Ténéré mächtig zu. Auf 200 Kilometer macht er siebzig Plätze gut mit Spitzengeschwindigkeiten um die 210 km/h. Nicht wesentlich behutsamer geht der Holländer Jan De Rooy mit seinem DAF-Truck zu Werke. Mit über 160 km/h rast er dem Brummi-Feld voraus. Nahe Chirfa sieht es für ihn nach dem sicheren Etappensieg aus, nachdem er schon in Iferouane als erster ankommt. Aber was den beiden 440-PS-Maschinen behagt, empfindet das Chassis als Zumutung. Die vier Radlager sind der Belastung auf Dauer nicht gewachsen, werden siedendheiß und fressen sich fest. Damit hat De Rooy nicht gerechnet, Ersatzteile sind nicht an Bord, und so gibt es auch nichts mehr zu reparieren. Capito übernimmt die Führung.

Gaston Rahier, der belgische BMW-Favorit, verliert in der Ténéré die Orientierung und damit eineinhalb Stunden. Als er wieder auf dem rechten Weg ist, macht er mit Spitzengeschwindigkeiten von 180 km/h fast 60 Minuten bis zum Etappenziel in Dircou gut. In Agadez hat er sie wieder alle im Sack und setzt sich an die Spitze vor den schönen Hubert Auriol. Ausgelaugte, geschaffte Motorradler knien im Sand und kotzen, was das Zeug hält. Der Franzose Jérome Rivière, ein 29jähriger Geschäftsmann, fliegt bei 80 km/h von seiner Honda und damit aus dem Geschäft. Mit einem Schlüsselbeinbruch bleibt er liegen und wird notdürftig von dem Arzt Georges Dewilde versorgt, der auch auf einer Honda in der Wertung ist. Thierry de Montcorgé fährt das Chassis seines schönen, schwarzen »Jules«-Chevi zuschanden und schämt sich deswegen so sehr, daß er am liebsten gleich nach Paris zurückfliegen möchte. Man wird ihn dennoch in Dakar sehen — ohne Auto.

Auch der Chansonnier Michel Sardou, Beifahrer im Lada von Jean-Pierre Jabouille, vermag von der rauhen Ténéré ein Lied zu singen. Mit Motorschaden geben die beiden prominenten Franzosen auf. Gestandene »Paris—Dakar«-Fahrer haben schon Schlimmeres erlebt. Während der Rallye 1983 zerpflückte ein Sandsturm das Feld in kleine Häufchen blind vorwärtstaumelnder Einzelkämpfer. Ein Drittel der Rallye hatte die Orientierung verloren, allein oder in Gruppen verließen etliche ihre defekten Fahrzeuge und versuchten ihr Heil in Fußmärschen nach Irgendwo. Eine Katastrophe drohte Monsieur Sabine in die Schlagzeilen der Weltpresse zu bringen, was wohl selbst dem publizitätsgierigen Geschäftemacher nicht in den Kram gepaßt hätte. Mit Hilfe von Soldaten aus der Republik Niger, mit Flugzeugen und Hubschraubern wurde der verlorene Haufen binnen zwei Tagen wieder eingesammelt. In diesem Jahr gibt es keinen Sandsturm und auch keine Soldaten, an die ein Sammelaufruf ergeht. Die Sahara ist relativ friedfertig, nur ab und zu zeigt sie die Zähne. In Agadez, nach über 1700 Kilometern Wüstenetappen am Stück, sind noch 74 Motorräder (gestartet: 113), 143 Autos (gestartet: 253) und 17 Lastwagen (gestartet: 31) in der Wertung. Unbeschädigt hingegen ist die Reputation der Rallye, die zu halten droht, was Sabine verspricht: daß die meisten Dakar nicht erreichen werden.

In Assamaka queren wir die Grenze nach Niger, wir sind immer noch halbwegs nett zueinander, obwohl die Kabine unseres Brummis von Tag zu Tag enger wird. Bis zu 14 Stunden am Stück sitzen wir in Reihe, der Rekorder ist derart verstaubt, daß man ihm nicht mal mehr »Nomi« anvertrauen kann, geschweige denn Telemann oder gar Chopin. Wer gerade hinterm Steuer sitzt, fühlt sich von den beiden anderen über Gebühr belauert, immer gewärtig, mit einem leichtfertigen Sprung in Gruben, Löcher oder Rinnen den stummen, aber deutlich fühlbaren Vorwurf der Copiloten zu provozieren. Ich bin es immer noch nicht müde, gelegentlich ein Witzchen oder einen Schwank aus meiner bayrischen Heimat zum besten zu geben, in der Hoffnung, uns drei bei Laune zu halten. Sigi ist ein höflicher Mensch und lacht meistens, Günter lacht selten. Zugegeben: Von uns dreien habe ich den geruhsamsten Job. Ich fahre, solange ich Lust habe, stehe ab und zu vor der Kamera, um ein paar unbedeutende Sätze zu sagen, und mache gelegentlich Notizen für ein Buch, das ich über die Rallye schreiben möchte. Die Wartung des Lkw geht nebenher, weil uns bei größeren Arbeiten meistens Rudi Lechner behilflich ist. Sigi macht nur das Allernötigste, wenn er hin und wieder seine Kamera aufbauen muß, wobei ihm aber Günter hilft. Der ist allerdings ganz schön im Streß, als Kameraassistent, Tonassistent, Lademeister und Kameratechniker. Vielleicht sollte ich ihm gegenüber ein wenig netter sein.

In Arlit, der Wüstenstadt am Fuße des schroffen Air-Gebirges, sind wir wieder eine harmonische Familie. Das liegt an dem sorgsam begrünten Campingplatz, der von einer Mauer umgeben ist, in deren Schutz wir unsere Zelte aufbauen. Aber vor allem gibt es Duschen mit warmem Wasser! Die erste flächendeckende Waschung seit einer Woche! (Ich muß der Beschreibung dieses Ereignisses mehr Platz einräumen, als dem täglich duschenden Leser zumutbar erscheinen mag). Ich habe mir vorgenommen, als letzter zu brausen, auch auf die Gefahr hin, daß es dann kein warmes Wasser mehr gibt. Dies will nicht heißen, daß ich mich an den Dreck gewöhnt habe, der an mir klebt. Ich möchte unterm Wasserstrahl nur nicht in Zeitdruck geraten, wenn die anderen, von Ungeduld getrieben, pausenlos an die Kabinentür hämmern. Ich gehe erst mal aufs Klo, auch das gibt es, mit richtigen, sauberen Toilettenschüsseln. Jetzt die »Süddeutsche« mit dem Sport am Montag, und alles wäre geritzt. Es ist Spätnachmittag, nicht besonders warm, so um die 15 Grad. Ich setze mich ins Gras, knapp zwei Meter von den Duschkabinen entfernt. Unter den Türen schiebt sich Seifenschaum entlang der Abflußrinne, zuerst braun, dann grau, schließlich weiß. In das Rauschen des Wassers mischen sich wohlige Laute der Brausenden, »Ah!« und »Oh!« und »Uiiiihh!«. Kabine eins wird geöffnet, ein hagerer Körper, in ein großes Badetuch gehüllt, weht an mir vorüber. Sascha sieht richtig glücklich aus, zum erstenmal, seit wir Paris mit den »Sofitel«-Duschen verlassen haben. »Mann, ist dat geil«, berlinert er, kein Ton von »ätzend« im Augenblick. So wie Sascha werde ich auch bald riechen. Der nächste rückt nach in Kabine eins. Manni, der Kameraassistent, verläßt Dusche drei, wortlos, verklärt lächelnd, wie neugeboren. Allmählich müßten alle durch sein, ich gehe zum Zelt und entnehme dem Koffer frische Unterwäsche, Strümpfe, ein sauberes Hemd und Waschzeug. Es ist unangenehm, mit dreckigen, rauhen Fingern frische Wäsche anzufassen. Das fühlt sich an, als hätte man Widerhaken an den Händen. Ich habe die Wahl zwischen drei Duschen, ein irres Gefühl. Ich entscheide mich für Dusche zwei, einfach so . . . Jetzt bin ich nackt, über mir lockt der Blechtrichter mit unzähligen kleinen Löchern. Ein paar warme Tropfen klatschen mir ins Gesicht. Langsam, als müßte ich die Zahlenkombination eines Tresors ertasten, drehe ich den Wasserhahn auf. Jetzt! Die kleinen Löcher lösen sich auf zu einem breitgefächerten Schwall, der mich in unbeschreibliches Wohlbehagen hüllt. Ich fühle mich wie eine Wüste, die endlich ihren Ozean bekommen hat! Übers Gesicht rinnt rotbraune Brühe, weiter über die Brust und den fülligen Bauch, der immer noch da ist. Das Dunkle der Unterarme lichtet sich, es war doch keine Sonnenbräune. Ich wühle eine Dreifachdosis Shampoo in den verfilzten Pelz und noch mal und ein drittes Mal. Der Rest wird gleichermaßen gut behandelt. Nach circa einer halben Stunde kommt kaltes Wasser, holt mich zurück aus dem sinnlichen Dämmer. Ein neuer Mensch schreitet über den weichen, geschorenen Rasen des Campingplatzes. Das Duscherlebnis hat auch die muffige Stimmung im Team gereinigt, zudem berechtigte Hoffnung besteht, im Camping-Restaurant, einer primitiven, aber sauberen Hütte, ein Nachtmahl zu bekommen. Einer streut das Gerücht, daß es auch Bier gibt. Das Gerücht wird alsbald zur Gewißheit: Es i s t ein Gerücht. Aber Tee gibt es und Fleisch vom Hammel, auf Spießchen gesteckt. Und als Rudi wenig später, unversehrt und bestens gelaunt wie immer, nach langem Weg durch die Ténéré auf dem Campingplatz eintrifft, ahnt man, wie fremd doch ein Ungeduschter unter lauter Geduschten sein kann.

Arlit ist ein Kaff, das es vor zwanzig Jahren noch nicht gab. Daß heute etwa 6000 Menschen in dieser trostlosen Gegend leben, ist die Schuld einer Handvoll französischer Geologen, die im Sommer 1967 ein gewaltiges Uranvorkommen entdeckten. Nahe der Mine, in der das Uranerz knapp 30 Meter unter der Erdoberfläche im Tagebau herausgeholt wird, wurde eine Stadt für Arbeiter, Techniker und Ingenieure aus dem Boden gestampft. Obwohl der Bedarf an Uranerz weltweit für die nächsten zehn Jahre längst gedeckt ist, wird in Arlit immer noch fleißig gebuddelt. Somit ist das Nest am Fuße des Air »Sicherheitszone«, was keiner von uns weiß, und so warten wir vergeblich auf unseren Hubschrauber, der in Agadez steht und nicht nach Arlit darf. Rudi Lechner, der Heiko Zimmers Helikopter während der Ténéré-Tortur einige Male betankt hat, weiß auch nicht so recht, ob Arlit oder Agadez ausgemacht wurde. Jürgen Bretzinger, der als ausgebooteter Regisseur ohnehin nicht viel zu tun hat, versucht telefonisch Verbindung mit dem Flugplatz in Agadez zu bekommen. Aber da weiß man nichts von einem deutschen Hubschrauber, und vereinzelt werden im Team schon Befürchtungen laut, daß etwas passiert sein könnte. Nix ist passiert. Heiko Zimmer, Hans-Jürgen Ostler und der in Iferouane in den Hubschrauber umgestiegene Mechaniker Wolfgang Laubl machen sich in Agadez einen schlauen Lenz, nächtigen auf einer Hotelterrasse, baden und entdecken auch eine Bar, in der's Alkohol gibt. Wir finden die drei am Nachmittag des 9. Januar auf dem Flugplatz in Agadez. Sie sind gerade dabei, den Helikopter durchzuchecken, was auch not tut, da die Wüstenetappen mit unzähligen Starts und Landungen deutlich Spuren hinterlassen haben. An dem kleinen Heckrotor hat der Sand den Lack bis auf die Grundierung abgeschmirgelt, und die Antriebswelle des großen Rotors ist daumendick mit Sand und Öl verkrustet. »Die Mühle macht das schon«, meint Heiko Zimmer, er hat Erfahrung, was schroffe Einsätze betrifft. Die Rallye ist noch unterwegs, auf dem Weg nach Agadez. Wir fahren vom Flugplatz aus zurück zum Cam-

Begegnung zweier Welten am Rand der Sahara

»Staubige Brüder«:
Claude und Bernard Marreau

Was mag in diesen Menschen vorgehen?

Ein Rindvieh, wen das nicht interessiert

Vier am dünnen Seil

Sandkastenspiel:
Véronique Anquetil (l.) mit Gegner

1

4

2

3

5

1 und 5 Zähe Schwestern:
Nicole und Marie-Claire Bassot
2 Gezeichnet von der Plackerei:
Daniel Moquart
3 Lächeln, auch wenn's weh tut:
Dirk Temmerman
4 Geschafft im dritten Anlauf: Herbert Sche
6 Ohne Scheibe:
Rover-Piloten Gabreau/Gabbay
7 Rennprofi und Rallye-Neuling Jochen Mas
8 Gespann-Sieger Ronny Renders
9 Biwak mit Stil: BMW-Crew und Schinken

6

7

8

9

Achsenschweißen als
nächtlicher »Zeitvertreib«

pingplatz am Nordende der Stadt, ein gemütliches, schatti-
ges Plätzchen, von einer Lehmmauer umgeben, mit Zypres-
sen und einem Restaurant mit überdachter Terrasse. Hier
wird die Rallye ihr Biwak aufschlagen, das glauben zumindest Peter Welz und auch der Restaurantbesitzer, der zur
Feier des Tages vier Hammel über die Klinge hat springen
lassen. Inzwischen sind sie zu Kouskous verarbeitet, schwimmen stückweise in deftigem Hirseeintopf. Unter dem Schatten der Bäume bauen wir unsere Zelte auf, heute ganz
besonders liebevoll, weil zwei Journalisten einer Münchner
Fernsehzeitschrift extra wegen uns gekommen sind, um
ihren Lesern von den Dreharbeiten zu berichten. Herbert
Kistler, den Schreiber, kenne ich seit vielen Jahren, Manfred
Sohr, den Fotografen, erst seit heute. Kistler ist gleich mal
dran mit einer Runde Bier, eiskalt, aus der Kühlbox des
Restaurants. Iris wird oft und gern fotografiert, weil sie so
zart ist und so gar nicht ins Bild der harten Rallye paßt.
Zudem spielt sie ja die weibliche Hauptrolle in unserem
Film. Iris beim Schminken — klick. Iris beim Zeltbau —
klick. Iris mit Hanno — klick. Iris mit Hanno und Sascha —
klick, klick, klack. Jetzt ist der Film alle. Aber gleich geht es
weiter, Manfred Sohr ist ein fleißiger Fotograf. Ich finde,
Frau Berben schaut immer gleich. Und überhaupt: Ich habe
selten eine Frau erlebt, die vier Wochen lang so gleichmäßig
langweilig gucken kann. (Vielleicht hätte Herr Welz, wie
ursprünglich geplant, doch Eva Renzi verpflichten sollen.
Die schlägt wenigstens gelegentlich mal zu).
Das Kamerateam baut großes Gerät auf: Scheinwerfer auf
Bäumen, auf den Brummis, Reflektoren, Mikrofone, zwei
Kameras auf Stativen. Wenn die Rallye eintrifft, sollen ihre
verstaubten, erschöpften, maladen Helden in eine Spielhandlung mit einbezogen werden. Auriol und Rahier müßten dabeisein, weil sie für BMW fahren und das Münchner
Werk Geld in unseren Film gebuttert und uns zwei Motorrä-

137

der für die Dreharbeiten zur Verfügung gestellt hat. Jochen Mass und Jacky Ickx sollten nach Möglichkeit mitmachen, weil die jeder kennt. Vielleicht auch noch Véronique Anquetil und die beiden Bassot-Schwestern, das gäbe dem Dreh noch zusätzliche Würze. Auf der Straße, jenseits der Lehmmauer, knattern Motorräder vorbei. Aber alle biegen sie nach rechts ab, keiner will auf unseren Campingplatz. Jetzt kommen die beiden Porsche von Ickx und Metge, drehen vor dem Restaurant eine Runde, überqueren die Teerstraße und fahren auf sandiger Piste in östlicher Richtung davon. Die meisten biegen vor dem Campingplatz nach rechts ab, die wenigen, die unser Biwak aufsuchen, wenden gleich wieder und folgen den anderen. Irgend jemand muß da irgendwas falsch verstanden haben. Das Filmteam, das sich so viel Mühe gemacht hat, ist sauer, und Antje und Birgit, zwei Studentinnen, die dem Wirt ein paar Wochen lang zur Hand gehen, um ein paar Francs für die Weiterfahrt nach Niamey zu verdienen, müssen tatenlos zusehen, wie die vielen schönen Trinkgelder gen Osten davonfahren. Am ärgsten beutelt es den Wirt, der ruhelos sein kaltes Buffet und die Kouskous-Töpfe abschreitet, ein Festbankett für ca. 200 Leute. Thierry Sabine, der Wechselbalg, hat sich kurzfristig, ohne Angabe von Gründen, für einen anderen Lagerplatz entschieden, knapp zwei Kilometer von unserem Camp entfernt. Da löffeln sie nun Wassersuppe und schlabbern Crème Caramel, während zwei Kilometer nah Hammelfleisch und köstliche Salate aus Mais, Kartoffeln und Bohnen vergammeln. Aber das wissen sie nicht. Nur der »alte Capito« mit Sohn Volker und Mechaniker Karl-Wilhelm gesellen sich zu uns. Die drei sind in Hochstimmung, weil sie die letzten drei Etappen und damit eine goldene 15 000-Mark-Taschenuhr von »Cartier« gewonnen haben und seit heute die Lkw-Wertung anführen. Als keine Aussicht mehr besteht, daß der Rallye-Troß doch noch Gefallen

am formidablen Mahl finden könnte, gibt der Wirt, den Tränen nahe, das Signal zum Sturm aufs Buffet. Binnen Minuten zerwühlen zwanzig Gierhälse, was in stundenlanger Fili-
granarbeit für zweihundert liebevoll angerichtet wurde.
Seine Wut schreibt uns der Wirt mit auf die Rechnung: 90
französische Francs, s'il vous plaît, pro Mann und Nase,
grob 30 Mark.
Vollgefressen bis an die Grenzen der Bewegungsunfähigkeit
schleppen wir uns die paar Meter zu den Zelten, wo immer
noch Scheinwerfer, Reflektoren und Mikrofone an den Bäumen hängen. Welz möchte ein paar Dialoge mit Sascha, Iris
und Hanno drehen, da schon mal groß aufgebaut ist. Ich bin
auch kurz im Bild, wie ich meinen Schlafsack ins Zelt packe.
Als mein Auftritt abgedreht ist, krieche ich ins Zelt, ohne
Waschen, ohne Zähneputzen, weil mir hundelend ist. Unter
der Latzhose spannt mein Ranzen. Kotzen wäre jetzt schön.
Draußen beschimpfen sich Hanno und Iris, was sie laut
Drehbuch müssen. An meiner Zeltplane tanzen die milchigen Scheiben der Scheinwerfer. Dann muß ich wohl eingeschlafen sein.

Ein Steinchen und die Folgen

Agadez — Niamey: 848 km

Am nächsten Morgen bin ich immer noch satt. Das ist gut so, denn die Mädchen von »Africatours« werden uns heute nichts in die roten Beutel packen, da wir vom Campingplatz aus den direkten Weg nach Tahoua nehmen und nicht erst im Rallye-Biwak haltmachen. Die braunen Lehmhäuser von Agadez schimmern in der Morgensonne wie mit einer Bronzehaut überzogen. 848 Kilometer liegen an diesem Tag vor uns. Es wird Abend werden, ehe wir Niamey, die Niger-Hauptstadt, erreichen.

Ich fahre das erste Stück, ordentliche Teerstraße, und versuche, mit einem gängigen deutschen Wanderlied auf den Lippen, die naturgemäß muffige Morgenstimmung etwas aufzulockern, lasse es aber bald wieder sein, nachdem meine Bemühungen bei Sigi und Günter keinerlei Resonanz finden. Gut, dann sind wir eben muffig. Die Wüste liegt hinter uns, vor uns verdichten sich Bäume und Buschwerk zu grellgrünen Farbklecksen. Zeburinder mit schiefen Buckeln im Nacken und Beckenknochen wie Garderobenhaken queren leichtfertig die Fahrbahn, weil jenseits des Asphalts das Angebot an Grasbüscheln etwas reichhaltiger ist.

Für die Leute hinterm Steuer, also auch für mich, ergibt sich mit den zunehmenden »Wildwechseln« eine völlig neue Situation. Jetzt muß man nicht nur auf die Löcher in der Straße Obacht geben, sondern auch noch das unberechenbare Viehzeug im Auge behalten. Agadez liegt 20 Kilometer hinter uns, die Rallye dürfte uns fast ebensoweit voraus sein, und Rudis M.A.N. taucht im Moment hinter einem Hügel weg, etwa zwei Kilometer vor uns. Wir sind also wieder mal die letzten. Ein zufälliger Blick in den Rückspiegel korrigiert diese Annahme. Ein Motorradfahrer, ein Nachzügler, über-

140

holt uns. Mit einem eleganten Schlenker schert er vor unserem Brummi auf die rechte Seite ein, gewinnt rasch an Boden und röhrt davon.

20 Meter mag er bereits vor uns sein, als er aus den groben Stollen seines Hinterreifens plötzlich ein Geschoß abfeuert. Ich sehe den Stein, wie er eine Parabel beschreibt und auf mich zufliegt. (Kann sein, daß ich »Achtung!« oder sonst was geschrien habe. Das Steuer habe ich ganz fest gehalten, das weiß ich sicher.) Mit einem giftigen Knall durchschlägt der Stein das Glas, einen Wimpernschlag lang sehe ich vor mir nur eine milchige, rissige Wand, dann schlägt mir frischer Fahrtwind entgegen, und die Sicht ist klarer als je zuvor. Ich wollte Rudi schon immer mal fragen, ob unser Brummi mit einer Verbundglasscheibe ausgestattet ist. Jetzt weiß ich es: Er ist es nicht! Günter ächzt »Scheiße«, womit er so unrecht nicht hat. Wenigstens redet er wieder mit mir. Ich bringe die Kiste zum Stehen, schalte den Motor ab.

Wir drei schauen uns an, verletzt ist keiner. Entlang der Gummidichtung hängt noch ein schmaler Kranz aus gesplittertem Glas, der Rest liegt in der Kabine, Tausende kleiner Glasscherben, keine größer als eine Büroklammer. Ich springe aus der Kabine, begleitet von einem Gutteil der Windschutzscheibensplitter, die auf Schenkeln, Armen, Kopf und Schultern liegen. Günter möchte die schlechte Nachricht über Funk gleich weitergeben. »M.A.N. an Pickup! Kommen!« Es rauscht im Lautsprecher, die anderen müssen schon ziemlich weit weg sein. »Hier Pickup. Kommen!« Welz ist dran. »Ein Motorradler hat uns gerade die Windschutzscheibe zerschossen. Es wird noch etwas dauern, bis wir nachkommen!« »Scheiße. Verstanden. Ende.« Wir kehren erst mal den gröbsten Dreck aus der Kabine, reißen die Gummidichtung mit den restlichen Scherben aus dem Fensterrahmen und geben uns der Hoffnung hin, daß einer der Werk-M.A.N. eine Ersatzscheibe dabeihat. (Diese

Hoffnung wird sich schon alsbald als ungerechtfertigt erweisen, da alle M.A.N. mit Verbundglasscheiben ausgerüstet sind. Nur unser und Rudis Brummi haben keine, weil für ein Auswechseln der Scheiben die Zeit zu knapp war. Und Ersatzscheiben gibt es nicht.)

Wir setzen die Sturzhelme und Sonnenbrillen auf und binden uns Tücher vors Gesicht. Wie durch einen Trichter preßt sich der Fahrtwind in die Kabine. In unserem Freiluftgehege sind wir der Natur ganz nahe und spüren, daß sich jetzt — anders als in der trockenen Sahara — bereits Fliegen, Mücken und Käfer in der Luft tummeln. Ab und zu klatscht etwas an den Helm, auf die Brille oder den Mundschutz. Es ist fast wie Motorradfahren. 6000 Kilometer liegen noch vor uns, nicht nur geteert, so wie jetzt, sondern mit Staub und Steinen und mit der vielfältigen Fauna der Urwälder von Guinea. Ich möchte uns dreien Mut machen. In Niamey, da werden wir garantiert eine Ersatzscheibe finden. Mercedes, Berliet und Renault sind da mit großen Lkw-Werkstätten vertreten, das weiß ich. Sicher auch M.A.N., ist doch schließlich eine Marke von Weltruf.

Dieser verdammte Helm quetscht wie ein Schraubstock den Schädel zusammen. In München schon, bei der Anprobe, habe ich Peter Welz gesagt, daß der Helm zu klein sei. Mein Kopf sei zu groß, meinte er, denn geräumigere Helme seien nicht im Handel. Günter, der neben mir auf dem MG-Schützen-Sitz kauert, hat dieses Problem nicht. Ihm würde der obere Helmrand im Falle eines Aufpralls vermutlich die Nasenwurzel zertrümmern, weil sein Kopfschutz viel zu groß ist. So wie er aussieht, hat er entfernte Ähnlichkeit mit einem frierenden Steinkauz, dem man eine Strickmütze aufgesetzt hat.

Knappe sechs Stunden benötigen wir bis Tahoua, dem Ende der »Liaison«. Hier beginnt das andere Afrika, das geschwätzige, geschäftige, neugierige, kontrastreiche, bun-

142

tere. Anders als in der Wüste des Nordens, wo die Menschen einsilbig und zurückhaltend sind wie das Land, in dem sie leben, wird hier gefeilscht, gemarktschreiert, gelockt und gelinkt. Ab jetzt ist es ratsam, die Autotüren abzusperren, wenn man um die Ecke zum Pinkeln geht. (In unserem Fall muß künftig immer einer beim Wagen bleiben, um den Leuten klarzumachen, daß dies kein Selbstbedienungsladen ist, was die fehlende Windschutzscheibe ja vermuten ließe.)
Am Ende der breiten Ortsdurchfahrt, die gesäumt ist mit kleinen Obst- und Erdnußständen, liegt eine Tankstelle, an der wir Welz und Co. treffen. Um unsere Geschlossenheit auch in der Not zu demonstrieren, stecken Sigi, Günter und ich die Köpfe gleichzeitig durch die Frontpartie unseres Lastwagens ins Freie. Seit Tagen war die Fröhlichkeit unseres Teams nicht mehr so anhaltend und echt wie in diesem Moment. Einheimische, zu Dutzenden um die Tankstelle versammelt, zeigen uns ihre blitzenden Zahnreihen, sie finden unseren Auftritt auch sehr komisch. Als Anerkennung bietet mir ein Alter seinen fettesten Hammel an, den er, mit drei anderen, an einer Leine hinter sich herzieht. Nein danke, Hammel hatten wir gestern, und zwar reichlich. Aber Zigaretten möchte ich haben. »Cigarettes?« Der Alte reckt seinen mageren Arm in die Richtung, aus der wir gerade kommen. »Non, merci!« Dann eß' ich eben Dörrobst.
Der Alte will aber, daß ich rauche. Er packt mich am Handgelenk und zieht mich, wie seine Hammel am Strick, ein paar Meter hinter sich her. »Cigarettes«, sagt er und plappert in einer mir völlig unverständlichen Sprache, vermutlich Fulbe oder sonst was, pausenlos auf mich ein. Als ich mich weigere, ihm zu folgen, wird er richtig giftig und fletscht seine gelben Zahnstummel, ohne seinen Redeschwall zu unterbrechen. Mit einem kräftigen Ruck reiße ich mich los, setze mein zweitfinsterstes Gesicht auf und rede mit ihm deutsch, so schnell ich kann: »Blaukraut bleibt

Blaukraut, und Brautkleid bleibt Brautkleid. Im dichten Fichtendickicht nick' ich.« Und noch mal, mit Nachdruck: »Im dichten Fichtendickicht nick' ich. Fischers Fritz fängt frische Fische. In Ulm und um Ulm und um Ulm herum.« Ich komme mir dabei reichlich albern vor, aber es wirkt. Der Alte klappt seinen Kinnladen nach unten und starrt mich mit großen, dunklen Augen an, als spräche Mohammed persönlich zu ihm. Dann dreht er seine Sandalen um 180 Grad und eilt, mit vier Hammeln im Schlepp, davon. Ab und zu wendet er hektisch den Kopf, ohne jedoch seine Gangart zu verlangsamen. An einem Erdnußstand hält er inne und redet wild gestikulierend auf vier Männer ein. Die schauen schweigend zu mir herüber, als dächten sie: So, so, ein Ulmer.

Auf der Fahrt zum Ortsausgang von Tahoua, wo der »Scratch« nach Niamey anfängt, beginne ich zu ahnen, was uns auf dem Weg durch »Schwarzafrika« bevorsteht. Kinder machen Faxen, jagen Bällen oder leeren Konservendosen nach, bepackte Eselskarren queren die Straße, Mütter rennen schreiend auf die Fahrbahn, um ihre bedrohten Sprößlinge einzufangen. Wenn du hinterm Steuer sitzt, mußt du deine Augen überall haben, am besten, deine Beifahrer sind gleichfalls aufmerksam und wach. Mir schwant, es wird eng werden auf Thierry Sabines Bolzplatz und lebensgefährlich für die Zaungäste.

Auf den nächsten 244 »Scratch«-Kilometern verpaßt die Wüste den Fahrern noch mal einen Tritt in den Hintern — als Abschiedsgeschenk quasi. Tückische Sandlöcher wechseln sich ab mit Geröll, versteckten Gruben und materialmordenden Querrinnen. Bäume wechseln unversehens als naturbelassene Verkehrsinseln aus der Route und spalten den Weg in Gut und Böse. Wer da bei hundert Sachen den falschen Riecher hat und auf den bösen Teil gerät, fliegt ungespitzt in die Büsche. Michel Merel, einer der Klassefahrer im Motorradfeld, geht in einer Querrinne koppheister. Mit einem Bruch beider Schlüsselbeine und einer Schulterblattfraktur darf er den »Scratch« beenden.

Am Pistenrand findet derweil wieder Kino statt. Iris und Hanno müssen laut Drehbuch verunfallen, während die Rallye an ihnen vorüberfegt. Weil den Schauspielern dabei ja nichts passieren darf, macht man das beim Film so: Alles, was Arme hat, kippt den gelben Toyota um, sodaß er auf der Seite zu liegen kommt. Dann klettern die beiden Protagonisten in den Wagen, was natürlich nicht gedreht wird. Jetzt warten sie, bis die Kamera läuft, der Ton abgeht und die Klappe geschlagen wird. Nun dürfen sie wieder aussteigen, zum Glück unverletzt, und wenn der Film jemals im Kino zu sehen sein sollte, werden an dieser Stelle die Zuschauer erleichtert aufatmen. Das wird viermal wiederholt, bis der Regisseur den Eindruck gewonnen hat, daß man cinegener aus einem umgekippten Auto nicht aussteigen kann. Zum Zeichen seiner Zufriedenheit sagt er dann: »Gestorben.«

Nun kommt mein großer Auftritt. Der Brummi steht etwa 200 Meter von der »Unfallstelle« entfernt am Pistenrand. Über Funk gibt mir Peter Welz die Anweisung, dem nächsten Lastwagen zu folgen, weil es ja so aussehen soll, als ob ich in der Wertung mitführe. Der Dreiachser von Adi Dirl kommt, ich fädle mich flink in seine Staubfahne ein, ohne Windschutzscheibe, Helm auf dem Kopf und Tuch vor dem Mund, sechs Scheinwerfer und die rotblauen Positionslampen auf dem Kabinendach eingeschaltet. Die Kamera läuft. Iris und Hanno stehen ratlos vor ihrem umgestürzten Toyota. Sie sehen mich, müssen sich laut Drehbuch darüber frcuen. Nur Hanno freut sich richtig, Iris schaut wie immer. Ich nix wie hin und Vollbremsung, nehme den Helm ab und stecke den Kopf durch das Loch, in dem früher mal die Windschutzscheibe steckte. Nun folgen einige Dialoge, die ich aber schon wieder vergessen habe und die auch nur von vorbereitender Natur für meine nachfolgende Hilfsaktion sind. Ich raus aus der Kabine, den Abschleppgurt festgeknotet, rein ins Führerhaus, Rückwärtsgang und langsam retour. Der Toyota kippt auf die Räder. Ich, der gute Mensch von Tahoua, will natürlich keinen Dank, ist doch selbstverständlich, daß man da hilft. Gurt los, wieder rein ins Führerhaus, und ab geht die Post, dem Dirl hinterher. 200 Meter weiter darf ich anhalten. »Gestorben«, schnarrt Welz durchs Mikro. Die Regie begnügt sich mit einer Fassung, weil es doch mühsam wäre, den Toyota noch mal umzukippen, zumal seine rechte Seite bereits erheblich eingedellt ist.

Tebaram ist ein so kleines Dorf, daß es nicht einmal auf der filigranen Michelin-Karte eingezeichnet ist. Da muß die Rallye durch. Aus der Luft betrachtet, sieht der Wahnsinn offenbar besonders imposant aus, denn unser Hubschrauber verharrt minutenlang regungslos in der Luft, wie eine Libelle. Gilbert, der Kameramann aus Paris, fängt alles ein, und Heiko, der Pilot, hält seinen Helikopter straff am Zügel. Vermutlich haben die Kinder des Dorfes noch nie einen Hubschrauber aus der Nähe gesehen. Arglos rennen sie über die Piste, um sich im Luftwirbel des Rotors schütteln zu lassen. Taub für das Röhren der heranbrausenden Autos und Motorräder, das vom Knattern des Hubschraubers übertönt wird, sind sie in tödlicher Gefahr und wissen es nicht. Fast ein Wunder, daß keines der Kinder über den Haufen gefahren wird. Jochen Mass, der Rennprofi, ist empört über die Leichtfertigkeit des Piloten und wird Heiko Zimmer am Abend in Niamey gehörig die Meinung sagen.

Capitos letztes Kapitel

Niamey — Quagadougou — Bouna: 1217 km

Für mich ist Niamey der Nabel Afrikas, besser gesagt: der
Nabelbruch Afrikas. Eine Fülle unangenehmer Erinnerun-
gen verbinden mich mit dieser Stadt am Niger. 1979 war ich
hier, im August, während der Regenzeit. Moskitos, eine
Nacht im Knast, Verdruß mit den Behörden, ein französischer Fotograf, dem ich heute noch die Malaria Tropica an
den Hals wünsche, sieben Tage Warten auf einen Lastwagen, mit dem ich die »Route de l'Uranium« nach Arlit und
zurück abwetterte, und letztlich 14 Stunden in Moskito-
schwärmen auf diesem verdammten Flughafen, weil die
Maschine von Abidjan nach Paris Verspätung hatte. 14 Tage
lang war ich damals in Niamey, und das waren 13 Tage
zuviel.
Nun liegt das müde Licht eines Spätnachmittags im Januar
über Niamey. Polizisten machen sich auf Kreuzungen wichtig, die Rallye hat Vorfahrt. Unser Brummi eiert die Hauptstraße entlang, die vom Flughafen aus schnurgerade zum
Zentrum zielt. Wir haben vergessen, nach der Sand- und
Geröllpiste die Reifen wieder aufzublasen, und 0,7 Bar sind
auf Asphalt arg wenig. Der Gummi kocht, doch bis zum
Rastplatz wird's schon gehn.
Thierry Sabine, der unvergleichliche Feldherr, hat Niamey
im Handstreich erobert. Die Bevölkerung säumt zu Tausenden die Straßen, das Fernsehen ist da, die Wohlstandslegio-
näre, marode, verdreckt und verstaubt, errichten ihr Nachtlager vor dem feinsten Hotel der Stadt, dem »Gaweye«.
Erlaubt ist alles, was der Publizität dient. Transparente der
Sponsoren werden eilig aufgeknüpft, »Africatours« rückt
die beiden Küchenwagen ganz dicht an der Hotelauffahrt
ins Licht. Heute gibt es Burgunderbraten, und wenn der

Wind günstig steht, dürfen die Habenichtse am Absperrseil des mondänen Sperrgebiets ein bißchen vom Duft schnuppern. Nie waren sie der Illusion des Wohlstands so nahe, und schweigend, ehrfürchtig betasten sie die verstaubten und verbeulten Karossen, die dicht am Seil abgestellt sind. Eine sorgsam inszenierte Farce.

An der Hotelrezeption scharen sich die Müden, die nur ein Bett und eine Dusche wollen, bereit, jeden Preis zu zahlen. Aber alle Zimmer sind belegt, von Porsche, BMW, Honda, Yamaha und den anderen, die für ihre Werkteams schon vor Monaten eine Bleibe geordert haben. Zudem sind Touristen da, denn der Winter in Afrika ist angenehm. Über den Marmorboden der Hotelhalle klotzt grobes Stiefelleder, gebeugte Gestalten, verschwitzt und mit der rötlichgelben Patina der Abenteurer überzogen, schleppen sich an die Mahagonibar. Wenn schon keine Dusche, dann wenigstens ein ausgiebiges Alkoholbad fürs Interieur. Iris und Hanno bekommen nach drei Stunden noch ein Doppelzimmer, weiß der Teufel, wie.

Mit Waschbeutel und Handtuch taste ich mich durchs Hotellabyrinth hinab zu den Toiletten. Gesicht waschen und Zähne putzen, mehr muß nicht sein. Neben mir steht ein Motorradfahrer in voller Montur. Sekundenlang starrt er in den Spiegel. Ein Riß am Backenknochen ist blutverkrustet, auch der rechte Arm ist lädiert, die Motorradkombi mit Isolierband verklebt. Es sind große Spiegel, in denen man sich in seiner vollen Größe betrachten kann. Der Motorradler tut dies ausgiebig, er scheint zufrieden zu sein. Bar jeder Scham und ohne mich eines Blickes zu würdigen, zieht er den Reißverschluß seines Anzugs auf bis zum Schritt, holt sein »Geschlams« heraus und wäscht es mit Hingabe. Dann frottiert er es und packt es zurück ins muffige Dunkel des Overalls. Sein Gesicht bleibt, wie es ist: ungewaschen. Er wird es wie eine Trophäe durchs Hotel tragen.

148

Vor dem »Gaweye«, auf gepflegtem Rasen, wird geschweißt, geschraubt und gehämmert. Im grellen Licht der Parklaternen ist gut arbeiten. »Neckermänner« im guten Ausgehzeug bauen sich noch schnell für ein Erinnerungsfoto neben Namhaften und Namenlosen auf. Ich finde ein freies Stück Rasen etwas abseits der Hotelauffahrt. Da will ich mein Zelt errichten. »Africatours'« Burgunderbraten ist überdurchschnittlich gut gelungen, und da wir morgen einen harten Tag vor uns haben, krieche ich beizeiten in den Schlafsack. Morgen, in aller Frühe, wollen wir uns auf die Suche nach einer Windschutzscheibe machen.

Der Nigerfluß, nur ein paar hundert Meter vom Hotel entfernt, hat das Camp mit Tau überzogen. In der Morgendämmerung wate ich barfuß durch das feuchte Gras, das Prikkeln in den Füßen ist angenehm wie eine Kneippkur. Über den Küchenwagen rauchen die Schornsteine, auf der Feitreppe des Hotels kommen die Ausgeschlafenen, Gebadeten, Frischgedreßten, Gutriechenden. Aus den Zelten kriechen schlecht riechende, unrasierte Schmuddelköpfe. Raymond Loizeaux, der Polizist aus Paris und dritter Fahrer im BMW-Team, hat zwar die Nacht im Bett verbracht, aber vermutlich wenig geschlafen. Er ist blaß, wie geistesabwesend tappt er zu den Servicewagen. Gaston Rahier meint, Raymond habe einen ganz schönen Schock. Gestern, auf der Fahrt durch Niamey, war ihm eine Frau mit ihrem Kind ins Motorrad gelaufen. Das Kind wurde dabei schwer verletzt, die Frau, so heißt es, liege im Sterben. Natürlich wird Loizeaux trotzdem weiterfahren, aber er wird länger als manch anderer brauchen, um dieses schlimme Erlebnis wegzustecken. Alle sagen, Raymond Loizeaux sei ein feiner Kerl, sensibel und in seiner Fahrweise manchmal vielleicht ein bißchen zu betulich, die typische Nummer drei im Werkteam. Ich fürchte, Sieger sind aus anderem Holz geschnitzt.

Herbert Schek, der baumlange Allgäuer, geistert durchs Camp, auf der Suche nach einem mildtätigen Brummi-Fahrer, der ihm sein Gepäck mitnimmt. Mit dem BMW-Service-M.A.N. hat er schlechte Erfahrungen gemacht, weil Henri Gabrelle, der erste Fahrer, gegen den Widerstand von Mechaniker Adi Dirl die Lkw-Wertung gewinnen will, und deshalb brettert er wie der Henker. Also packen wir Scheks Equipment für die Nacht bei uns hinten drauf. Günter, Sigi und ich sowie Rudi mit seinem M.A.N. fahren erst mal zur Renault-Vertretung, denn — das wissen wir inzwischen — eine M.A.N.-Niederlassung gibt es nicht in Niamey.

Bei Renault winkt der Werkstattmeister ab. Aber vielleicht bei Daimler-Benz nebenan ... Daimler-Benz hat aber nur Scheiben für Benz-Lastwagen, und bei Berliet, eine Ecke weiter, scheinen deutsche Fabrikate gar nicht gut anzukommen. Man schickt uns wieder zu Renault. Der Werkstattchef ist sehr nett und dreht uns für umgerechnet 60 Mark eine Plastikplane auf, die, als Ersatz für geborstene Scheiben, oft und gern gekauft werde. Sie scheint auch tatsächlich für diesen Zweck gemacht zu sein, da sie mit mehreren aufblasbaren Bahnen versehen ist, die dem labberigen Plastik etwas Stabilität verleihen sollen. Rudi, Meister der Improvisation, nickt zustimmend, wir kaufen und holen gegenüber bei einem Schreiner noch einen Bund Holzleisten, mit deren Zutun das Ganze den passenden Rahmen kriegen soll. Fast drei Stunden haben wir mittlerweile vertrödelt, und wenn der Zeitplan einigermaßen eingehalten wird, starten im Moment die Brummis Richtung Obervolta. Ein schlimmes Stück liegt vor uns, es ist ratsam, den Anschluß nicht zu verlieren. Welz und Co. sind schon unterwegs, wir werden die Reparatur verschieben. Bis heute abend, in Quagadougou. Ich meine, es muß schon leidig genug sein, zusammen mit einem guten Freund die »Paris—Dakar« mitzufahren. Um ein vieles schlimmer ist es jedoch, 12 000 Kilometer Cockpit-Enge in Gesellschaft von Menschen ertragen zu müssen, mit denen man überhaupt nichts am Hut hat. (Ich konzediere, daß Sigi und Günter dasselbe von mir behaupten). Worüber soll man reden, wenn man sich nichts zu sagen hat? Mir jedenfalls tut es gut, gelegentlich aus der Haut zu fahren, wie ein Bierkutscher zu fluchen, die beiden zu beschimpfen und anzubrüllen. Und das Absurde dabei ist: Es gibt keinen triftigen Grund. Im Gegenteil: Wir machen Urlaub auf Kosten einer Filmproduktion, und wenn wir wieder daheim sind, werden uns all jene beneiden, deren Sehnsüchte wir uns erfüllt haben. Ich bin froh, daß kein Psychologe dabei ist. Der würde uns womöglich noch erklären, wieso das alles so und nicht anders zu sein hat.

Sabines Streckenführung durch die Sahelzone zeugt von einem besonders ausgeprägten »Feingefühl« des Pariser Machers. Da wird er den Stiefkindern Afrikas, den ewig Hungrigen und Durstigen im Niger, in Obervolta und der Elfenbeinküste, Wohlstand nach Art des Hauses servieren. Und wir, seine »Hilfskellner«, handlangern mit, zwar mehr der minder vom schlechten Gewissen ermahnt, aber ohne Widerstand. Auch ich passe mich den Gepflogenheiten der Rallye an und hinterlasse meine leergelöffelte Puddingdose irgendwo im verdörrten Savannengras und beobachte mit dumpfer Fassungslosigkeit, wie sich Kinder im Dutzend auf diese eine Dose stürzen. Der Schnellste und Kräftigste wird sie an sich reißen und seine trockenen Finger mit dem Rest von Crème Caramel benetzen. Und alle anderen, die ihn gewähren lassen, weil sie schwach oder ängstlich sind, verschlingen mit hungrigen Augen den Finger, den er zum Mund führt. Ich werde später noch viel Zeit haben, mich zu schämen.

Aber noch bin ich nicht soweit. Noch sind wir mit unseren lächerlichen kleinen Leiden viel zu sehr beschäftigt, um die wirklich großen zu sehen. Die Dieselpumpe, die den Sprit vom oberen Tank in den darunterliegenden zu befördern hat, ist hin. Das macht uns ganz kirre, weil es nun eine halbe Stunde länger dauert, bis der Diesel über das natürliche Gefälle nach unten läuft. Eine halbe Stunde! Und in Obervolta warten Menschen seit 15 Jahren auf Regen!

Die Rallye plagt sich durch die fast baumlose Gras- oder Dornbuschsavanne. Merkwürdig: In der Sahara hatte ich keine Sekunde lang das Gefühl, in Not oder Gefahr zu geraten. Dieser verbrannte, stachelige Teppich hingegen wirkt auf mich wie eine einzige Drohung. Die wenigen Bäume, die es gibt, sind krumm und mißgebildet, mühsam gewachsen unter unendlichen Qualen. Der Franzose Christian Courtois, ein 37jähriger Architekt, prallt mit seinem Benz-Geländewagen gegen einen dieser saftlosen Krüppel. Der Baum gewinnt.

Die Nerven der Fahrer sind dünn geworden, die Augen der Helden, die von der Fähre aus in Algier so kühn nach Süden blickten, sind rotgerändert. Herzliches Lachen wird rar, Grobheiten und barsche Worte machen den Ton. Am Grenzübergang von der Republik Niger nach Obervolta, wo jeder versucht, als erster einen Stempel in den Paß zu bekommen, entwickelt sich eine handfeste Prügelei. Einige Franzosen, so heißt es am Abend in Quagadougou, hätten sich rücksichtslos nach vorn gedrängelt, um in der Wertung so wenig Zeit wie möglich zu verlieren. Jochen Mass, Jacky Ickx, Karl-Friedrich Capito und einige andere, die sich benachteiligt fühlen, werden am Abend Protest einlegen. Doch Sabine wird seinen Landsleuten recht geben.

Obervolta, das ärmste Land auf dem Kontinent, ist vom Bürgerkrieg geschüttelt. Das Elend und die Hilflosigkeit der Regierung, dem Übel beizukommen, verlangt offensichtlich nach militärischer Präsenz. In jedem Kaff patrouillieren bis an die Zähne bewaffnete Soldaten. Sie werden uns nichts tun, sofern wir auf der vorgeschriebenen Strecke bleiben

152

und die Ausgangssperre einhalten, die um 22.30 Uhr beginnt und um sechs Uhr früh endet. Das hat Thierry Sabine mit den Mächtigen des Landes ausbaldowert. Dafür kriegen sie ein paar Devisen und Gratiswerbung in Europa. Denn für die Fotografen, die mitreisen, ist die furchtbare Sahelzone ein fruchtbares Land. Wie möchten Sie's haben? Welke Mutter mit halbtotem Kind auf dem Arm, verschwommen natürlich? Die Schärfe der Linse kümmert sich vor allem um Ickx, Metge, Rahier und Co. Doch als Kulisse ist der Hunger ein gefundenes Fressen. Oder ein anderes Motiv vielleicht? Knorriger Baum in Dorfmitte. Kinder, neugieriges Entsetzen im Blick, suchen Schutz hinter dem Baum. Lastwagen riesengroß, donnert mit achtzig Sachen zwei Meter an den Kindern vorbei, dürre Ziege zerrt am Strick; Lastwagen natürlich auf Schärfe gezogen, schon der Sponsoren wegen.

Am Etappenziel in Djibo, 200 Kilometer vor Quagadougou, wird abermals die Rede sein von »einem bedauerlichen Unfall«, nicht vom Zynismus der Rallye, sondern von der »Unvorsichtigkeit der Bevölkerung«. Urbiha/Farat, die Fahrer eines zum BMW-Serviceteam gehörenden Pinzgauer-Minitrucks, haben ein Kind getötet, seine Mutter schwer verletzt. Beide waren dem Kleinlaster vor die Räder gerannt. Passierte einem Touristen dergleichen Schreckliches, so würde er im besten Falle eingesperrt, im schlimmsten Falle gelyncht werden. Urbiha/Farat kommen ungeschoren davon. Die Gäste der Mächtigen sollen durch die Unvernunft der Ohnmächtigen nicht um ihren Spaß gebracht werden.

In Quagadougou, 200 Kilometer weiter, ist schon wieder Heiterkeit angesagt. Bewacht von einer Hundertschaft bis an die Zähne bewaffneter Militärs jubeln die Einheimischen entlang der Hauptstraße, und ganz besonders belustigt sie unser Brummi, weil wir die Köpfe vorne hinausstecken können. Wer zuerst in »Quaga« ankommt, darf sein Lager auf dem Vorplatz des Hotels aufschlagen. Die Nachzügler, zu denen natürlich auch wir gehören, müssen noch einen Kilometer weiter, dirigiert von Männern in Olivzeug, mit Maschinenpistolen bewaffnet. Unsere Fahrt endet auf einem mit einer Mauer umgebenen Platz, und weil wir ohne Windschutzscheibe fahren, riechen wir als erste, was den anderen noch als Überraschung bevorsteht: Dies muß ehemals der Müllplatz von Quagadougou gewesen sein. Jenseits der Mauer streckt sich ein langes, flaches Gebäude mit den Resten eines Pferchs außenherum. Da wurden Schweine gehalten, auch das riecht man. Allzusehr scheinen uns die Mächtigen im Land also doch nicht gewogen zu sein, aber jetzt, da wir schon mal da sind, gibt es kein Entrinnen mehr. Dafür sorgen die Soldaten, die uns in Schach halten. Zu Fuß hingegen dürfen wir uns frei bewegen, bis zur Ausgangssperre um 22.30 Uhr. Heute ist es ratsam, Zelte aufzubauen, der eigene Mief dämpft zudem den Müllgestank. Sascha, in schwarzes Leder gehüllt, ein Berliner von der traurigen Gestalt, guckt, als wolle er jeden Moment losheulen. »Nee, nee, nee«, stammelt er und kickt eine Konservendose gegen die Mauer. »Absolut ätzend. So 'ne Scheiße. So 'n Mist. Hier gibt's bestimmt 'ne Menge Viecher. Schlangen und so . . . Ick flippe aus!« Auf dem Planenverdeck unseres Brummis wolle er heute nacht schlafen, hoch droben, wo die Viecher nicht hinkommen. Ich gebe zu, daß mir der Gedanke, hier zu nächtigen, auch nicht behagt. Also lasse ich das Zelt im Sack. Auf den Alukisten, hinten auf unserem Laster, werde ich meinen Schlafsack ausrollen. Da liegt zwar fingerdicker Staub, aber der ist wenigstens sauber.

Jost Capito irrt suchend über den Müllplatz. Sein Vater, der schnelle Karl-Friedrich, ist noch aushäusig. Vielleicht ist er am Hotel, wo die Flinken ihr Bettchen machen. Doch heute gehört der »alte Capito« nicht zu ihnen. Im Schrittempo quält sich der Unimog mit dem strahlenden Sonnensymbol auf der Plane zu unserem Lagerplatz. Karl-Friedrich und sein Sohn Volker drehen gemeinsam am Lenkrad, um die enge Kurve bis zur Mauer zu kriegen. Was ist passiert? Am Etappenziel in Djibo liegt Capito hinter den beiden M.A.N. von Dirl und Reverchon an dritter Stelle, was nach wie vor die Führung in der Lkw-Wertung bedeutet. Auf dem letzten 200-Kilometer-»Liaison«-Stück bricht ein Dichtungsring in der Lenkhydraulik, Öl läuft aus, der Unimog ist kaum noch zu lenken. Es ist jetzt kurz nach 20 Uhr. Zwölf Stunden haben die Capitos Zeit, um ihre Kiste wieder flott zu kriegen. Um acht Uhr am nächsten Morgen ist Start zur nächsten Etappe nach Bouna. Also maximal 14 Stunden Zeit, denn gegen zehn Uhr sind die Brummis dran. Der Familienrat tritt zusammen: Karl-Friedrich, Volker, Jost und Karl-Wilhelm, der Mechaniker. An alles mögliche haben sie bei der Zusammenstellung ihres Ersatzteillagers gedacht, aber nicht an den fünfmarkstückgroßen Gummiring. So was geht nicht kaputt, werden ihnen später die Leute von Daimler versichern. Und ob, wird ihnen Capito sagen.

In Quagadougou ist nichts zu holen, soviel ist klar. Aber das Glück liegt viel näher, nur knapp zwei Meter entfernt, und der »alte Capito« ist der erste, dem es ins Auge sticht. Ein Unimog mit der Startnummer 502, fast identisch mit dem Capito-Modell, steht nebenan. Die Nummer ist mit Isolierband diagonal überklebt, was gleichbedeutend ist mit Disqualifikation oder Aufgabe. Der Unimog gehört den Brüdern Daniel und Hervé Bergeron. Die sind aber nicht da, vielleicht im Hotel. Volker rennt ins Hotel, um die beiden ausfindig zu machen. Enttäuscht kehrt er nach einer guten halben Stunde zurück. Unter dem Namen Bergeron ist niemand gemeldet. Es geht auf 21.30 Uhr zu. In einer Stunde beginnt die Ausgangssperre, dann kann man sich nicht mehr aus dem Camp wagen, ohne Gefahr zu laufen, erschossen zu werden. Aber Karl-Friedrich will gewinnen, und der Zweck, so sagt er, heilige die Mittel. Der »alte Capito« hat einen Plan, der zwar eines Ehrenmannes, nicht aber eines vom Rallye-Fieber Besessenen unwürdig ist. Er möchte — und das allen Ernstes — den beiden Franzosen ihren Dichtungsring, am liebsten das ganze Lenkgetriebe, ausbauen, da die Brüder Bergeron ja ohnehin nichts mehr zu verlieren hätten. Morgen, in aller Frühe, würde er dann ein Telex an Daimler-Benz nach Gaggenau tickern, mit dem Inhalt, doch umgehend via Luftfracht Ersatz nach Quagadougou zu schicken. In zwei, drei Tagen müßte das Zeug dasein, und die beiden Franzosen könnten dann mit repariertem Wagen der Rallye folgen. Einen Braunen oder mehr würde er als Entschädigung zusätzlich noch ausspucken.

Ich stehe dabei und denke, ich träume. Jost findet die Idee hinreißend, in solchen Dingen ist er ganz der Vater. Vom »Gesetz der Rallye« ist die Rede und daß »alles erlaubt ist, um zu gewinnen«. Ich mag den verrückten Capito-Haufen eigentlich ganz gern, aber nun schwillt mir doch der Kamm. Mir fällt nichts Besseres ein, aber ich halte das Ganze für waschecht kriminell. Auch Volker ist dagegen und vor allem Karl-Wilhelm, der nicht nur ein schlechtes Gewissen, sondern auch noch die Arbeit hätte. Um 22 Uhr rennt Volker noch mal los. Diesmal macht er zwar die Brüder Bergeron ausfindig, trägt ihnen in fließendem Französisch sein Anliegen vor, erhält aber ebenso fließend eine Abfuhr. Der Ring bleibt drin, sagen die Bergerons. Ein paar Minuten vor Beginn der Ausgangssperre ist Volker wieder auf dem Müllplatz, die Idee vom »legitimierten Diebstahl« hat inzwischen auch Karl-Friedrich aufgegeben.

Rudi Lechner, Ulli, der arbeitslose Förster, und ich plagen uns indessen mit der Plastikplane herum, die wir in Niamey gekauft haben. Drei deutsche Entwicklungshelfer, die in Quagadougou leben, wollen Neuigkeiten aus der Heimat

156

erfahren. Wir wissen nichts Neues, Winter wird es sein. Ein Schlaumeier vom Mitsubishi-Team macht uns halb wahnsinnig, weil er unentwegt nörgelt. Eine Plastikplane sei nun wirklich das Unsinnigste, was man sich antun könne. Im letzten Jahr sei er die »Paris—Dakar« auch mit Plastik vor dem Gesicht gefahren. Wie im Blindflug habe er 2000 Kilometer abgestottert, lebensgefährlich sei das gewesen. Das ganze Gequassele ist nur ein Vorwand, denn eigentlich braucht er einen 24er Gabelschlüssel und Luft aus unserem Kompressor und einen großen Schraubenzieher. Wir geben ihm, was er will, um ihn wieder loszuwerden.

Nach drei Stunden ist die Plane drin, außenherum mit Isolierband und einem verschraubten Lattenrahmen befestigt. Ich setze mich hinters Lenkrad zum Probegucken. Der ganze Platz sieht aus wie Milchsuppe, die Lichter der anderen Fahrzeuge multiplizieren sich um ein Mehrfaches, und Rudis Gesicht, jenseits der Plane, sieht aus wie Matsch. Wenn jetzt noch Staub dazukommt, mag der Mitsubishi-Nörgler gar nicht mehr so unrecht haben. Jetzt kann ich auch die verschwommenen Konturen von Sigi erkennen. Der Schweizer hat sich wieder mal dünne gemacht, Tee hat er gekocht, drei Stunden lang war er nicht zu sehen. Drecksarbeit liegt ihm nun mal nicht. Ich bin unheimlich sauer auf ihn und auch spontan genug, ihm das mit dem mir eigenen Feingefühl anzudeuten: »Sigi! Du faule Sau!« Siegfried Meier aus Ennet-Baden in der Schweiz wendet sich wortlos ab und geht zum Teekessel.

Eine mondlose Nacht liegt über Quagadougou. Ich stecke im Schlafsack auf zwei Alukisten und habe mich mit Gurten festgeschnallt, um im Schlaf nicht abzustürzen. Es ist fast wie ein Biwak in einer Felswand. Natürlich kann ich nicht schlafen, ich kann nie schlafen, wenn ich auf dem Rücken liege. Zudem rumort über mir Sascha auf der Plane, und mit jeder Bewegung schickt er mir eine Staubwolke herunter. In dieser Nacht, das ahne ich, ist Schlafen reine Glückssache. Zwei andere haben sich erst gar nicht hingelegt. Um zwei Uhr machen sich Volker und Jost auf den Weg zur deutschen Botschaft. Es gelingt ihnen, unbemerkt das Lager zu verlassen, vorbei an den Wachposten. Was sie treiben, ist lebensgefährlich, und das wird ihnen auch alsbald klar. Plötzlich werden sie auf französisch zum Stehenbleiben aufgefordert. »Halte!« — Halt! Die beiden rennen weiter. »Halte!« Und nun bleiben sie wie angewurzelt stehen, weil eine MP durchgeladen wird. Sie müssen mit zum Polizeichef. Der ermahnt sie, so etwas nie wieder zu tun, läßt sie aber ungeschoren zur deutschen Botschaft bringen, weil ihm Volker zwei bunte T-Shirts geschenkt hat. Für derlei Tand sind in Afrika schon Menschen ermordet worden.

Die bedrohliche Stimmung ist auch am Morgen noch da. Soldaten, allein oder zu zweit, die MPs im Anschlag, schlendern durchs Camp. Nahe den Küchenwagen, wo es Frühstück gibt, halten sie sich mit Vorliebe auf. Viel besser als dem Großteil der Bevölkerung scheint es auch ihnen nicht zu gehen. Hungrige, die sich irgendwie durch die Absperrung gemogelt haben und nun in unseren Abfällen wühlen, jagen sie mit einem unmißverständlichen Wink des MP-Laufs davon.

Sie selbst stochern wie beiläufig mit den Stiefelspitzen im Rallye-Müll, um ab und an etwas aufzuheben, was ihnen verwertbar scheint.

Für die Capitos ist die Rallye gelaufen. In eineinhalb bis zwei Tagen werden sie zwar aus Deutschland ihren Dichtungsring bekommen, aus der Wertung sind sie jedoch raus. Aber nach Dakar wollen sie trotzdem. In der Mauer, die den Lagerplatz vom Schweinepferch trennt, ist ein Loch, groß genug, um in gebückter Haltung hindurchzuschlüpfen. Mein Verdauungsapparat ist gut in Schuß, was nur die wenigsten in unserem Team von dem ihren behaupten können. Ich hocke ganz dicht an der Mauer, so daß ich mich mit dem Rücken anlehnen kann. Über dem flachen Dach des Saustalls gegenüber geht die Sonne auf. Ein Soldat steckt seinen Kopf durch das Loch in der Mauer, er hat wohl Angst, ich könnte desertieren. Diskret verschwindet er wieder. Dafür kommt Schek, der Allgäuer.

»Guata Morga.«

»Morgen, Herbert.«

Schek läßt die Hose runter und kauert, zwei Meter neben mir, mit dem Rücken an der Mauer. Scham wäre in diesen Augenblicken fehl am Platz, schließlich hängt von ihnen das Wohlbefinden während des kommenden Tages ab oder, wie ein Sprichwort der Fulbe sagt: »Die Dromedare verspotten einander nicht wegen des Höckers.« Oder: Auf dem Klo sind alle gleich. Motorradfahrer haben in den Morgenstunden ein gesteigertes Kommunikationsbedürfnis, was verständlich ist. Den ganzen Tag torkeln sie stumm über Land, am Abend, im Camp, reparieren sie ihre Maschinen, und im Schlaf gibt's auch nicht viel zu reden. Bei Schek kommt noch hinzu, daß er bereits seit drei Tagen Probleme mit der Verdauung hat. Er »kann« nicht, und darüber möchte er mit irgend jemandem reden. Daß es ausgerechnet mich trifft, ist reiner Zufall.

»Seit Agadez geht bei mir nix mehr. I glaub', jetzt z'reißt mi' bald.«

»Hm.«

»Nimmst meine Sach'n heut' wieder mit?«

»Klar.«

»Heiß wird's heut'. Und mir tut all's weh.«

Ich bin soweit und ziehe meine Hosen wieder an. Schek quält sich fürchterlich. Im Vorübergehen, den Blick diskret geradeaus gerichtet, höre ich, daß auch er in diesem Moment die Voraussetzungen für einen angenehmen Tag geschaffen hat.

»Herrgott! Bin i froh! Jetzt isch er ’naus, der Hund, der wo
mi’ scho so lang ’plagt hat.«

Noch ehe wir Schweinemief und Müllplatz adieu sagen, ziehen sich die bewaffneten Soldaten zurück. Jetzt stürmen
Kinder und Halbwüchsige das Camp, kehren das Unterste
zuoberst, prügeln sich um Essensreste und ölverschmierte
T-Shirts, nehmen sich aus dem Abfall der Rallye, was ihnen
brauchbar erscheint. Die Schwächlichen, die wissen, daß sie
im Kampf mit den Größeren keinen Stich machen, laufen
neben den davonfahrenden Autos her, betteln um ein
»cadeau«, ein Geschenk. Einige erhaschen etwas, andere
rennen weiter, klagend, schreiend. »Cadeau! Cadeau!«

Da verstehe ich Monsieur Sabine nun wirklich nicht: Alles
ist bis ins kleinste durchorganisiert, monatelang hat er mit
Regierungen verhandelt, Routen festgelegt, Hotelmanager
von der Einmaligkeit dieses Ereignisses überzeugt, so daß
wir ungestraft ihre mühsam hochgepäppelten Rasenanlagen
zertreten dürfen, fast alle sind diesem Thierry Sabine gewogen und zu Willen. Aber eines hat er nicht zuwege gebracht:
die Kinder Westafrikas zu Disziplin und Zurückhaltung zu
ermahnen, ihnen klarzumachen, daß wir mitnichten ein
Verpflegungskonvoi der Caritas sind, sondern ein Haufen
Gestörter, die a u c h ihre liebe Not haben.

Zehn Kilometer außerhalb von Quagadougou wird in der
Reihenfolge der bisherigen Plazierung zum 500-Kilometer-
»Scratch« nach Bouna in der Republik Elfenbeinküste
gestartet. Rahier und Auriol vorneweg bei den Motorrädern, Metge und Zaniroli im Feld der Autos und Bonera bei
den Lastwagen, weil Capito ja nicht mehr dabei ist. Von den
sieben in Paris gestarteten Gespannen sind nur noch die
Belgier Renders/Verboven und die Franzosen Moquart/
Fèvre dabei. Mit der Anmut geprügelter Katzen schleppen
sich die Honda-Schwestern Nicole und Marie-Claire Bassot
zu ihren Motorrädern, Mechaniker helfen ihnen beim Auf-

160

sitzen. Zweimal ist Nicole während der letzten Etappen zu Boden gegangen, mit den Kräften am Ende, mußte sie jedesmal warten, bis hilfreiche Männerarme ihre schwere Maschine wieder auf die Räder stellten. Jacques Anquetil, der legendäre Radrennfahrer, wäre bestimmt stolz auf seine Tochter Véronique, wenn er sie sehen könnte. Breitbeinig, mit hängenden Schultern und schlaffem Gesicht, als wäre sie von einer Kompanie Legionäre vergewaltigt worden, schlurft sie zum Startplatz, wo sie von den Yahama-Leuten zu neuem Wahnsinn ermuntert wird. 63 Motorräder, knapp die Hälfte der gestarteten, sind noch im Rennen. Ein trauriges, aber kein beklagenswertes Feld, denn sie wollen es ja so. Zerschunden, kraftlos und verdreckt, mit dem Stigma auserwählter, unbeugsamer Abenteurer gezeichnet, träumen sie von der nächsten Zeitkontrolle, 500 Kilometer weiter.

Bis Léo, knapp 170 Kilometer südlich von Quagadougou und dicht an der Grenze zu Ghana, können die Schnellsten im Feld Zeit gutmachen. Mit Spitzengeschwindigkeiten um die 180 km/h jagen die Porsche, Range Rover, Lada und Mercedes übers ausgedörrte Flachland. Selbst die Zweiradgetriebenen, wie Jochen Mass' zerknittertes Benz-Coupé und der Opel-Manta von Guy Colsoul, können noch mal richtig die Sau rauslassen. Das Blut könnte einem in den Adern gefrieren. Mit nahezu unvermindertem Tempo jagen sie durch Dörfer, wie im Blindflug stürzen sie sich in die staubigen Wolkenberge des Vorausfahrenden, dessen matt schimmernde Schlußleuchten als einzige Orientierungshilfe benützend. Total Übergeschnappte wollen selbst da noch überholen. Da Hupen und Blinken vom Vorausfahrenden nicht wahrgenommen werden, fährt man ihm schubweise hinten drauf, man »klopft an«. Und das bei Geschwindigkeiten über 100 km/h. (Bei unserem Brummi hat es mit dieser Taktik keiner versucht.)

Die Profis, sagt Jochen Mass, machen so was nicht. Für einen, der mit der Hatz in schnellen Autos seinen Lebensunterhalt verdient, müsse das Risiko fast immer kalkulierbar bleiben. »Fast immer« klingt gut, wie »ein bißchen schwanger«. Guy Dupard, 40, und sein Beifahrer Patrick Destaillats, 31, sind keine Profis. Guy verkauft Autos und Patrick Cocktails an einer Bar. Für sie sind Dörfer und ihre dicht am Fahrbahnrand gedrängten Bewohner kein Hindernis, um sich ein paar Plätze nach vorn zu arbeiten. Vor Léo überholen sie am Ausgang eines Dorfes einen Motorradfahrer. Der Range Rover der beiden schießt über den Begrenzungswall am Straßenrand und schlägt eine blutige Schneise in eine Gruppe von Zuschauern. Eine Frau ist auf der Stelle tot, ein Kind wird lebensgefährlich, ein paar andere schwer verletzt. Dupard und Destaillats steigen nahezu unversehrt aus ihrem Wrack. Thierry Sabine wird später in Yamoussoukro auf diese Tragödie zu sprechen kommen. Jedem Teilnehmer sei das Risiko bekannt, auf das er sich einlasse. Aber wenn Zuschauer zu Schaden kämen, sei dies »traurig und ungerecht«. Und dabei wird er ein Gesicht machen, als sei es ihm ernst mit dem, was er sagt.

Roland Kussmaul, der Ingenieur im dritten Werk-Porsche, kommt gleichfalls in einem Dorf zu Sturze. In einer Links-Rechts-Kurvenkombination, die sich um einen mächtigen Baum windet, ist er um einen Tick zu schnell, der Porsche überschlägt sich und bleibt, knapp zehn Meter vor einer Lehmhütte, liegen. Sigi, Günter und ich treffen wenige Minuten später am Unfallort ein. Verletzt worden ist niemand. Das Dach des Autos ist verbeult, die Windschutzscheibe gesplittert und die Vorderachse gebrochen.

Erich Lerner, Kussmauls weißhaariger Mechaniker, klebt Isolierband über die geborstene Scheibe. Wir parken unseren Brummi etwas abseits, Sigi baut auf dem Kabinendach die Kamera auf, um zu drehen. Im Nu ist der Porsche von gut zwei Dutzend Dorfbewohnern umlagert. Kussmaul zieht einen Schmollmund, als er sieht, daß wir sein Ungemach filmen wollen. Porsche-Leute sind es nun mal nicht gewöhnt, schlecht auszusehen.

Noch ist Sigi dabei, den Film einzulegen, als einer der superschnellen »Proto Koro«-Mercedes-Geländewagen um die erste Kurve schießt. Linksrum geht's noch, doch den anschließenden Schlenker nach rechts um den Baum herum schafft er nicht mehr. Er schießt ins freie Feld, hüpft wild über Grashuppel und Löcher, die Motorhaube knallt gegen die Windschutzscheibe, fällt beim nächsten Loch wieder herunter. Wenn der Fahrer die Richtung beibehält, erwischt er exakt den lädierten Porsche und ein paar Leute noch dazu. Im allerletzten Moment zieht der »Proto Koro« eine scharfe Rechtskurve, Staubfontänen hüllen die schreienden Zuschauer ein, ein paar nur rennen davon, die anderen halten dies wohl für ein Gaudium, eigens zu ihrer Erheiterung inszeniert. Der nächste folgt Sekunden später, ein Toyota, nicht so schnell, nicht so spektakulär wie sein Vorgänger, aber auch er muß den »Sturzraum« nützen, um dann wieder auf den rechten Weg zu gelangen.

Während Sigi dreht und Günter den Ton macht, vertrete ich mir die Beine und spendiere zwei kleinen »cadeau«-Schreiern eine Dose »Himalaya-Brot«. Wenn du damit mal anfängst, halten sie dich gleich für den Weihnachtsmann oder sonst wen. Im Nu bin ich von einer ganzen Horde schreiender, klagender und bettelnder Kinder umringt. Sie reden keinen Fetzen französisch, aber »cadeau« ist allen geläufig. Ein paar Feigen und getrocknete Aprikosen habe ich noch in der Tasche, die sollen sie haben.

Etwas abseits steht mit gesenktem Blick, in einer Hand eine verdreckte Plastikkanne, ein Mädchen in zerlumpten Kleidern. Im verfilzten Haar steckt eine lilafarbene Plastikblume von der Größe eines Zweimarkstücks. Ich gehe auf die

Kleine zu, und erst als sie mein Schatten bedeckt, sieht sie zu mir auf. Das Kind mag vier oder fünf Jahre alt sein, und so, wie es aussieht, dürfte es die Hälfte seines armseligen Lebens bereits hinter sich haben. Das ganze Gesicht scheint nur aus Augen und einer Rotznase zu bestehen, die Lippen sind zu einem schmalen Strich zusammengekniffen. Arme und Beine sind so dünn, daß ich sie mit Daumen und Zeigefinger umklammern könnte. Der übrige Körper wird von einem knielangen Hemd umhüllt, ich kann mir denken, wie es darunter aussieht.

Zunächst stumm, hält mir das Mädchen die leere Kanne entgegen und murmelt dann etwas in einer Sprache, die ich nicht verstehe. Ich gehe zu unserem Lastwagen, das Mädchen verharrt regungslos. Wir haben immer Trinkwasser in der Kabine, dank »Micropur« entkeimt und mit Vitaminpulver angereichert. Ich fülle die Kanne voll bis obenhin, das sind zwei Liter. Unter dem Fahrersitz liegt noch eine verschlossene Dose mit Sojakeimkeksen, nahrhaft und nicht mal übel im Geschmack. Die nehme ich auch noch mit. Das Mädchen steht immer noch da, wie angewurzelt, mit gesenktem Blick. Die anderen haben sich längst wieder um den kaputten Porsche versammelt. Ich stecke der Rotznase die Kekse in eine Falte ihres Kittels, vermutlich eine Tasche. Ihre Eltern werden die Dose schon zu öffnen wissen. Dann sieht sie mich mit ihren riesigen, glanzlosen Augen an und macht etwas, das mir den Atem verschlägt: In der einen Hand die Kanne, greift sie mit der anderen an mein Kinn und zupft mich ganz behutsam am Bart, als wollte sie sagen: »Alter, das hast du gut gemacht.« Dann stakst sie auf dünnen Beinchen durch den Sand hinüber zu einer der ärmlichen Hütten. Ich fühle mich hundeelend, und ich bin sicher nicht der einzige, dem es während dieser Rallye irgendwann genauso ergeht. Doch wir werden sie schnell wieder abschütteln, unsere Betroffenheit.

164

Das Kreischen der Kinder holt mich wieder auf den Boden zurück. Wie ein riesiges Reptil schnaubt der vierachsige M.A.N. heran, Porsches Hilfstruppe ist da, gefolgt von dem kleineren M.A.N. mit Eckehart Kiefer an Bord. Der Mechaniker mit »den goldenen Händen« prüft den Schaden an Kussmauls Wagen, während Hans Obermaier und seine Kollegen die Bordwände herunterklappen. Reifengarnituren, Karosserieteile, Werkzeug, Stromaggregate, Schweißgeräte, also eine komplette Werkstatt, lassen ahnen, wieviel der Firma Porsche am Gewinn der »Paris—Dakar« liegt. Hier geht es ums große Geld, um Prestige, Image, Eitelkeit und Überfluß. Und nur ein paar Meter weiter haben die Menschen nicht viel mehr als das nackte Leben. Kussmaul bekommt seine neue Vorderachse, Kiefer ein dickes Lob und ich einen Brechreiz, weil das alles wahnsinnig nervt.

Mein Bedürfnis, Lastwagen zu fahren, hat spürbar nachgelassen. Selten sitze ich länger als zwei Stunden hinterm Steuer, dann ist's vorbei mit der Konzentration. Anderen scheint es ähnlich zu ergehen, denn an diesem 12. Januar passieren mehr als zwanzig Unfälle. Die beiden Franzosen Jean-Pierre Cassegrain, 40, und Bernard Deloffre, 48, überschlagen sich mehrmals mit ihrem privaten Benz-Geländewagen. Ob und wie schwer sie dabei verletzt werden, weiß ich nicht. Unweit von Léo meldet sich Peter Welz über Funk.

»Pickup an M.A.N. Fahrt mal langsam. Wir sind gerade an einer Unfallstelle. Ihr müßtet gleich dasein. Vielleicht können wir helfen.«

Wir passieren eine enge Kurve, die sich zwischen Dornbüschen und kahlen Bäumen hindurchzwängt, dann sehen wir auch, etwa 50 Meter voraus, den gelben Toyota und unseren »Pickup«. Wir stellen uns hinter die beiden und steigen aus. Etwas abseits steht der rote Ambulanz-Hubschrauber mit laufendem Rotor. Am Pistenrand liegt ein Mann in Motorradmontur und wimmert. Seine Maschine, eine KTM mit der Startnummer 105, sieht aus wie durch den Wolf gedreht. Ein Mercedes-Geländewagen hat den Italiener Claudio Torri, 32, Architekt, von hinten gerammt, vermutlich beim Überholen eines anderen Wagens. Der Mercedes steht auch noch da, und die beiden Fahrer beobachten ängstlich die Bemühungen des Notarztes, die Verletzungen zu lokalisieren. Dem Mann tut es überall weh, aber als ihm der Doktor die Hosen herunterzieht, brüllt er wie am Spieß. Da liegt er nun, mit dem nackten Arsch im heißen Sand, umringt von einem halben Dutzend Gaffern, zu denen auch ich gehöre, und muß soeben erfahren, daß mit ziemlicher Sicherheit sein Becken zu Bruch gegangen ist. Der Arzt will ihn zunächst gar nicht mitnehmen, verweist vielmehr auf Ambulanzwagen, die irgendwann eintreffen müßten. Erst als der Protest der Anwesenden und das Klagen des Verletzten heftiger werden, tragen sie Claudio Torri zum Helikopter. Die Hosen haben sie ihm erst gar nicht mehr hochgezogen, und wenn es ihm nicht gar so dreckig ginge, würde sich der Italiener wahrscheinlich bis auf die Knochen schämen. Das sollte der Notarzt tun, der es nicht mal der Mühe wert findet, den Schwerverletzten auf einer Bahre zum Hubschrauber zu bringen. Das Schicksal des Pechvogels berührt mich kaum, aber die Vorstellung, *ich* könnte in einer Notlage diesem Medizinmann in die Hände fallen, macht mich nervös. In einem Punkt stimme ich mit Thierry Sabine überein: »Jeder, der die ›Paris–Dakar‹ mitfährt, weiß um das Risiko, das er eingeht.« Claudio Torri hat von diesem Risiko gewußt, und wenn er es bislang noch nicht am eigenen Leib verspüren mußte, so hat er sicher davon gelesen. Wer koppheister geht, ist selber schuld — auch wenn ein anderer Schuld hat. In Quagadougou werden sie sein Becken zusammenflicken, und wenn er vom Schlage eines Herbert Schek ist, wird er im nächsten Jahr wieder dabeisein.

166

Wer aber ist schuld, wenn die Naiven, Unkundigen und Arglosen aus der Bevölkerung in ihren Dörfern gemetzelt werden? Sie, die in der Stille geboren und zeitlebens von ihr umgeben sind, werden von einem brüllenden, aber farbenfrohen Lindwurm aus ihren Hütten gelockt. Welcher Peul, Bororo oder Fulbe weiß schon, wie schnell ein Auto mit 140 km/h ist. Ihr Gefühl für Geschwindigkeit orientiert sich an Eselskarren und Schweinsgalopp. Sabine, der zynische Entertainer, wird später in einem Inteview seinen Kritikern vom Freudespenden erzählen, vom »unbeschreiblichen Jubel der Menschen im Niger und in Obervolta«, ganz zu schweigen von den Tausenden in Guinea, die der Rallye einen triumphalen Empfang bereiten. Na klar doch. Auch ein Kalb wird den Metzger sympathisch finden, solange er ihm Köstlichkeiten vor die Nase hält.

Bei Kampti wechseln wir in das nächste Land, das sich anschickt, die Rallye mit Jubel zu empfangen: Côte d'Ivoire, Elfenbeinküste. Es ist gut, daß wir unsere Plastikplane eingebaut haben, auch wenn sie der guten Sicht nicht gerade dienlich ist. So alle 50 Kilometer wischen wir den Staub von der Folie, die uns aber wenigstens fliegendes Getier vom Leib hält. Unsere beiden Rückspiegel haben tiefhängende Äste zertrümmert, und weil wir immer wieder von Nachzüglern überholt werden, ist es ratsam, Ersatz zu beschaffen. Rudi hat sicher ein paar in Reserve. Nach Bouna, dem Etappenziel, sind es von der Grenze aus noch etwa 100 Kilometer, die sitzen wir auf einer Backe ab. Freilich freuen sich auch hier die Leute, daß der unglaubliche Konvoi etwas Abwechslung ins triste Einerlei bringt.

Aber es gibt auch Kritik, gedruckt schon vor Beginn der Rallye, in der angesehenen Zeitung »Fraternité Matin«. Der Verfasser des bissigen Kommentars sieht keinen Grund zum Jubeln: »Das ist eines der letzten Überbleibsel aus der Lawrence-of-Arabia-Epoche oder aus der Zeit des Afrikakorps ... organisiert von Thierry Sabine, einem vielbeachteten Zirkusdirektor, der, wie Lawrence of Arabia, an der Spitze seiner Armada reitet. [Hier irrt der Kommentator allerdings, weil Sabine ja bekanntlich gefahrlos im Hubschrauber zu fliegen beliebt, Anm. d. Verf.] Es ist höchste Zeit, daß dieses jährliche Showbusiness den afrikanischen Garten respektiert.« Unter den gegebenen Umständen ist der »afrikanische Garten« nur schwer auszumachen. Wer im Pulk der Rallye mitfährt, wird außer Löchern, Felsbrokken, Brücken und Bäumen, die im Weg stehen, kaum Beachtenswertes entdecken. Mit starrem Blick voraus, um sich weitgehend schadlos zu halten, wird Afrika »gemacht«, so wie man die Watzmann-Ostwand oder die Drei Zinnen »macht«. Den Profis der Motorbranche kann es gleichgültig sein, wo sie ihr Geld verdienen, aber wo liegen die Motive der Privatfahrer, die eine Menge Geld zubuttern und für ihre Leiden auch noch bezahlen müssen? Wenn man sie fragt, spucken sie die Platitüden aus, die ihnen Monsieur Sabine vorgekaut hat: »Abenteuer« — »Herausforderung« — »Härtetest für Mensch und Maschine«. Ich sehe das so: Man setze sich in eine heimische Kiesgrube, lasse sich von einigen Freiwilligen mit Dreck und Steinen bewerfen und zerreiße dabei einen Tausender nach dem anderen.

In Conakry wird erst auf Befehl gejubelt

**Flink durchs Hoggar-Gebirge:
Brummi-Sieger Lalleu/Durce**

Das Ziel vor Augen am Strand von Dakar

Dem einen eilt's — den anderen nicht

Arzt und Wüsten-Fan:
Dr. Georges Dewilde

Aufholjagd nach Kurzschluß in der Sahara: Ickx/Brasseur

Orientierungsfahrt zu dritt

Bemühungen eines »Einzelkämpfers«

Superreifen
für tiefen Sand:
Albert Pfuhl (l.)

Der Reifendruck muß stimmen:
Alain Fieuw

Champagner für die Sieger:
Véronique Anquetil und Gaston Rahier

Ein Hofknicks für den Präsidenten

Bouna — Yamoussoukro: 672 km

Von Bouna bis Yamoussoukro stehen uns 672 annehmbare Kilometer ins Haus. Zum Teil auf verbotenen Wegen, die entlang des Komoé-Nationalparks führen. Geparden, Löwen und Elefanten soll es da geben, doch die haben sich offenbar vor der Rallye rechtzeitig in Sicherheit gebracht. Außer einer verschreckten Antilope bekommen wir keine Exoten zu Gesicht.

Jetzt wird es hübsch heiß. Man sieht es uns an und riecht es auch, daß wir seit Agadez nicht mehr geduscht haben — das war vor fast vier Tagen. Sogar Sigi, der ja alles vermeidet, was schmutzig machen könnte, ist mittlerweile mit der Patina eines richtigen Abenteurers überzogen. Seinen einstmals weißen Schal hat er um die Stirn gebunden, zusammen mit seinem goldenen Ohrring gibt ihm das ein nachgerade kühnes Aussehen. Wenn er bloß nicht so lahmarschig wäre! Mit Günter will ich mich nicht mehr auseinandersetzen, den mag ich nicht, und ich will nicht mal mehr wissen, warum ich ihn nicht mag. Basta. Nach Späßchen, die die Stimmung auflockern, steht mir der Sinn längst nicht mehr, und je eher wir nach Dakar kommen, desto besser für uns drei. Auch beim Rest des Filmteams herrscht dicke Luft, es klappt alles nicht so, wie man sich das vorgestellt hat. Hanno Pöschl salbt sich zum Wortführer einer Bewegung, der sich der größte Teil des Teams anschließt und die sich für den ausgebooteten Regisseur Bretzinger stark macht. Mit Peter Welz reden in freundschaftlichem Ton eigentlich nur noch Jost Capito, Peter Ambach, der Kameramann, und ich. Und Rudi Lechner, den der Hickhack ziemlich kaltläßt. Das ist schlimm für Welz, denn die Chancen, einen guten Spielfilm in die deutschen Kinos zu bringen, schwinden von Tag zu

Tag. Natürlich bin ich Partei, weil ich Peter Welz von allen schon am längsten kenne. Und vom Filmemachen verstehe ich zu wenig, um beurteilen zu können, wer recht hat. Daß ich mit Welz gut kann, paßt Sigi und Günter nicht, die für Bretzinger sind, an dessen Stelle ich schon in Algier die Koffer gepackt hätte, um ganz schnell heimzufliegen. Ich hätte mir das nicht bieten lassen. Wir haben uns wieder einmal von der Rallye getrennt, werden sie erst am Abend in Yamoussoukro treffen. Welz möchte ein paar Szenen drehen, da wären wir den anderen, die in der Wertung fahren, nur im Weg. Am Südzipfel des Nationalparks müssen wir über den Komoéfluß, der an dieser Stelle etwa 50 Meter breit ist. Es gibt auch eine Fähre, die an einem Drahtseil, das über den Fluß gespannt ist, hängt.

Die stählerne Plattform ist gerade groß genug, um einem M.A.N. Platz zu bieten. Ich bin nicht der einzige, der so seine Bedenken hat. Der Fährmann und seine beiden jugendlichen Helfer, die das Floß mittels einer Winde per Hand vom einen Ufer zum anderen kurbeln, umkreisen mehrmals unsere beiden Brummis, treten gegen die Reifen, rütteln an dem kräftigen Überrollkäfig und wiegen sorgenvoll die Köpfe. Dann ziehen sie sich zu einer kurzen Beratung zurück. Ohne das Ergebnis abzuwarten, setze ich meinen Lastwagen in Bewegung, begleitet vom Gezeter der drei Schwarzen. Ich nix verstehn. Behutsam rollen die Vorderräder über die beiden Rampen, das andere Ende der Fähre steigt stetig in die Höhe. Jetzt sind die Vorderräder auf der Plattform, und der Bug der Fähre neigt sich wieder langsam ins Wasser. Na also, es geht doch. Der Fährmann schiebt ein paar Holzkeile unter die Räder, und nachdem er mich mit einem zornigen Blick gestraft hat, beginnen die beiden Jungen zu kurbeln. Es ist eine ruhige, gemütliche Überfahrt. Gut zehn Stunden brauchen wir von Bouna nach Yamoussoukro, seit März 1983 die Hauptstadt der Republik Elfen-

178

beinküste. Staatspräsident Felix Houphouët-Boigny ist hier geboren, und weil es, zumal für die Oberhäupter armer Länder, schicklich ist, sich schon zu Lebzeiten ein Denkmal zu errichten, hat Exzellenz Abidjan Knall auf Fall verlassen, um fürderhin in Yamoussoukro zu residieren. Damit das 20 000-Seelen-Städtchen auch einen seiner Bedeutung gemäßen Anstrich erhält, ist europäisches Maß angelegt worden, mit Golfplatz und einer vierspurigen, schnurgeraden Prachtstraße, auf der aber kaum Autos fahren, weil es kaum Autos gibt. Ein Hotel der Luxusklasse, Anreiz zum Verweilen vor allem für französische Geschäftsleute und Touristen, ist vorläufiger Höhepunkt der ehrgeizigen Sanierung. Daß die Luxusherberge »Président« heißt, versteht sich da fast von selbst. Alle Zimmer mit Balkon und unverbautem Blick aufs Ödland, Mahagonibar, gekachelter Pool, geteerte Parkplätze, gefederte Gartenstühle, gepfefferte Preise. Ein Bier an der Bar: 30 Francs.

Selbstredend hat Thierry Sabine alles arrangiert, um vor Monsieur le Président einen Hofknicks zu machen. Wir campieren am Hotel, und alles ist wie gehabt: Die Werkteams haben die freien Zimmer wegreserviert, manche schlafen zu sechst in einem Einzelzimmer, wir packen unsere Schlafsäcke auf die Sonnenliegen am Swimmingpool, die noch ganz glitschig sind von geölten Touristenbukkeln. Herbert Völker, Journalist aus Österreich und profunder Kenner der »Paris—Dakar«, kommt mit seiner Kritik in »Motorsport aktuell« der Sache sehr nahe: »Yamoussoukro ist ein arger Ausrutscher dieser Rallye. Der große Thierry Sabine hat uns verraten und verkauft, hat gekatzbuckelt vor dem elfenbeinischen Präsidenten, der in jener Stadt geboren ist und sie jetzt zum Nabel Afrikas machen will. Die Rallye lagerte im Rasen vor dem bombastischen Hotel ›Président‹, auch dies ein Witz, der überhaupt nicht zum Charakter des Rennens paßt.«

»Africatours« hat in einem stillen Winkel des großzügig angelegten Hotelparks zu Abend gekocht und einen höllisch scharfen Gemüsesalat angerichtet, da wird's im Darm ganz warm. Natürlich gibt es auch Duschen in gekachelten und abschließbaren Kabinen. Aber das Erlebnis ist doch ungleich bescheidener als seinerzeit in Arlit. Ich habe mich an den Dreck gewöhnt, und blitzsauber und wohlriechend fühle ich mich — sogar angezogen — irgendwie nackt. Auch von den zurückliegenden 672 Tageskilometern ist an diesem Abend noch die Rede. Beim »Briefing«, wo er normalerweise seine Gutenachtküßchen verteilt, ist Thierry Sabine heute übellaunig. Es gilt, ein Urteil bekanntzugeben, das der Meister bereits in der gemütlichen Enge seines Helikopters gefällt hat. Die Nummer 179, ein »Lada-Niva«, hat sich beim »Scratch« ein Bubenstück geleistet. Sich unbeobachtet wähnend, hatten die beiden Franzosen André Trossat und Eric Briavoine den vorgeschriebenen Weg verlassen, um abzukürzen. Verständlich die Überraschung von Ickx und Zaniroli, die sich als Erste in Yamoussoukro glaubten, auch als Erste gestartet waren und von keinem überholt wurden. Weshalb der »Lada« dennoch schon da ist, vermag keiner der beiden Piloten so recht zu deuten. Aber Sabine. Er hat aus der Luft alles beobachtet und verkündet nun den Richterspruch: Ausschluß, Disqualifikation. Ja, wo kämen wir denn da hin . . . Sicher auch nach Dakar.

Die Nacht am Pool ist feucht und kühl, und nicht mal der Chlorgestank des Badewassers kann verhindern, daß Moskitos über uns herfallen. Zudem ist es ungut, frisch gebadet in einem verstaubten und verschwitzten, viel zu engen Schlafsack zu liegen.

Des Morgens sind Touristen und Müßiggänger schon früh auf den Beinen, um beim Aufbruch der Rallye dabeizusein. Sabines Spektakel i s t nicht nur in Mode gekommen, es m a c h t auch Mode. Männliche und weibliche Schickimik-

180

kis in sorgsam gestylter Tenniskluft laufen Reklame mit neuen oder Second-hand-T-Shirts der Rallye-Sponsoren, auch verstaubtes und verschwitztes Tuch wird gern getragen, man gehört irgendwie dazu. Die beiden Benz-Coupés von Mass/Perry und Pfuhl/Schuller, inzwischen krumm und buckelig wie Schlangengurken, sind eine der Hauptattraktionen für die Kameras der Touristen. Derlei Geschundenes aus dem Hause Daimler sieht man nicht alle Tage.

Der Busch brennt

Yamoussoukra — Touba: 390 km

Touba, wo wir am Abend sein wollen, ist immer noch Elfenbeinküste, hart an der Grenze nach Guinea. Es ist der vier-
zehnte Tag der Rallye, und bis Touba sind es 390 Kilometer,
ein vergleichsweise harmloses Stück Arbeit. Dennoch habe
ich ein Gefühl, als ob wir schon um die halbe Welt gefahren
wären. Und bis Dakar sind es noch sechs Tage. Sigi ist Meister im Road-Book-Lesen, und wenn ich nicht hinter dem
Steuer sitze, versuche ich zu schlafen, was auf der rubbeligen
Piste einiger Übung bedarf.
Manchmal wundere ich mich, wie es drei ausgewachsene
Menschen schaffen, sich über Stunden hinweg anzuschwei-
gen. Da ist ein umgestürzter Lastwagen, so wie jetzt, schon
fast eine willkommene Abwechslung. Ein roter »Unic
Iveco«, an Größe und Technik mit einem Unimog vergleichbar, liegt im Scheitelpunkt einer S-Kurve in einer von Gras
und Buschwerk bewachsenen Mulde. Dominique Dorange,
30, wie sein Beifahrer von Berufs wegen Feuerwehrmann
aus Versailles, hat den Kleinlaster wie abgezirkelt auf die
Seite gelegt. Zum Glück ist Rudi mit seinem M.A.N. gleich
hinter uns, der weiß, wie man die Kiste wieder auf die Beine
stellt. Die beiden »sapeur-pompiers« haben die Hosen
gestrichen voll, obwohl sie unverletzt sind. Der Planenauf-
bau hat einen Schlag abgekriegt, ein paar Spriegel sind zer-
brochen, ansonsten scheint das Fahrzeug noch gut in Schuß
zu sein. Rudi, des Bayrischen mächtig wie kaum ein zweiter
im Team, beruhigt die Franzosen: »Dös ham' ma glei'.« Die
nicken sicherheitshalber.
Mit zwei dicken Drahtseilen, die Rudi wohlweislich einge-
packt hat, müßte es klappen, obwohl das »Feuerwehrauto«
gut zwei Meter tief in der Mulde liegt. Was nun folgt, wäre

allerfeinste Sahne für den Werbefilm eines Bergungsunternehmens. Ich verbinde ein Drahtseil mit dem Havaristen und der Frontseite meines Brummis, Rudi befestigt ein Seil vorne an seinem Laster und am Heck des kleinen »Iveco«. Im Rückwärtsgang stelle ich den Verunglückten ganz langsam auf die Beine, und als er steht, zieht ihn Rudi rückwärts aus der Grube, während ich, vorwärtsfahrend, gerade soviel Lose ins Seil gebe, daß sich der Kleine zwar ziehen läßt, aber nicht umstürzt. Das Ganze dauert keine halbe Stunde, und als mich Rudi ob meines Geschicks auch noch lobt, bin ich gleich wieder guter Dinge. »Erfolgserlebnis« nennt man so was.

Zwischen Séguéla und Man brennt der Busch. Mächtige Rauchschwaden wälzen sich beiderseits der Straße über das Land. Menschen flüchten auf Eselskarren, streben der Straße zu, eher gemächlich rotten sie sich am Fahrbahnrand zusammen, um dann gemeisam, in kleinen Gruppen, ihren Weg fortzusetzen. Nach lebensbedrohendem Chaos sieht das nicht aus. Vielleicht haben sie selbst Feuer gelegt, um dem kargen Land mit Brandrodungen neuen Ackerboden abzutrotzen. Linker Hand hat das Feuer den Busch über viele Hektar zu einer Geisterlandschaft versengt. Mächtige Bäume recken ihre verkohlten Arme in den Himmel, aus ihren Fingern quellen dünne Rauchsäulen. Schwarzafrika! Droben im Bergland schimmern wie Fingerhüte die goldgelben Kuppeln der Stohhütten. Wenn der Wind dreht, werden sich die Bewohner neue bauen müssen. Ich denke an die beiden Feuerwehrmänner, die wir aus dem Graben gezogen haben. Hier könnten sie sich nützlich machen.

Kein Visum für »Monsieur Meiäääär«

Touba — Kissidougou: 520 km

Bei der »Morgenandacht« in Touba tut Sabine kund, was er, der Variantenreiche, für diesen Tag ausgeheckt hat. Autos und Motorräder werden die im Road-Book aufgezeigte Strecke nehmen, ein »Scratch« mit Elendspfaden, schmalen, morschen Brücken und Hohlwegen, die für Brummis unpassierbar sind. Die Lastwagen werden zunächst 200 Kilometer im Konvoi, ohne Wertung, durch Guinea fahren. Dann, so wünscht es der Meister, müssen sich auch die Brummis im »Scratch« bewähren. Dennoch steht uns gleich zu Anfang eine wilde Hatz bevor, weil die meisten Trucker gar nicht mehr wissen, wie erholsam es sein kann, »normal« zu fahren, ohne Bleifuß. Guinea ist ein faszinierendes Land, aber ein schlimmer Staat, den Präsident Sékou Touré in argen Verruf gebracht hat. Abgeschottet nach allen Seiten, haben Touristen kaum eine Chance, in die »Revolutionäre Volksrepublik Guinea« einzureisen. Es wird eines der großen Geheimnisse des Thierry Sabine und seiner engsten Vertrauten bleiben, wie es ihm gelingt, die Grenzen für die Rallye zu knacken. (Sékou Touré sucht zu dieser Zeit Heilung von einem Herzleiden in einer Klinik in den USA. Er stirbt dort zwei Monate später.)
In den Jahresberichten von »amnesty international« steht Guinea mit an der Spitze jener afrikanischen Staaten, in denen politischer Mord und Folter gang und gäbe sind, die Menschenrechte permanent verletzt werden. Laut »amnesty« sind von 1969 bis 1976 etwa 2900 Häftlinge in Gefängnissen des Landes spurlos verschwunden. Egal, welche Vereinbarungen Sabine mit den Handlangern Sékou Tourés ausbaldowert hat; es ist ein schmutziger »Deal«. Doch der Gipfel der Geschmacklosigkeit und Ignoranz

steht uns noch bevor, in Conakry, der Hauptstadt am Atlantik.

Doch bis Conakry sind es noch zwei Tagesreisen, und wir schinden uns augenblicklich — Günter, Sigi und ich —, um im Feld der Brummis mitzuhalten. Vor uns fährt Adi Dirl, schleudert uns pfundweise Staub und Steine entgegen. Manchmal sehe ich von seinem Dreiachser nicht viel mehr als die beiden Nebelschlußleuchten, die im dunstigen Chaos zu einem rötlichen Schimmer verkommen. Wenn wir die Lichter aus den Augen verlieren, wird das Unternehmen zum Blindflug. Die Piste ist so schmal, daß uns zu beiden Seiten tiefhängende Äste gegen Rückspiegel und Plastikscheibe klatschen. Ich muß dranbleiben, sonst holt uns der Teufel! Ich könnte, theoretisch, mich so weit zurückfallen lassen, bis wir vor der Staub- und Steinkanonade unseres Vordermannes sicher sind. Aber dann würden wir uns in dem Labyrinth der zahllosen Wegkreuzungen mit Sicherheit heillos verfransen, ein Road-Book gibt es für diese Strecke nicht, ein Wagen der Organisation fährt voraus und alle anderen hinterher. Und hinter uns kommen noch zehn Lastwagen, alle auf Tuchfühlung zum Vordermann.

Der Schweiß läuft mir in kleinen Bächen die Schläfen hinab und versickert im Bart. Das Lenkrad ist glitschig wie Schmierseife. Das macht nicht die Hitze, das ist Angst! Der Sturzhelm drückt gegen den Schädel, bei jedem Sprung durch knöcheltiefe Löcher reißt mich der Sicherheitsgurt an beiden Schultern gewaltsam auf den Sitz zurück. Ich möchte doch nur heil in Dakar ankommen, von gewinnen war nie die Rede! Plötzlich sehe ich vor mir keine Lichter mehr. Eine scharfe Linkskurve, aber auch nach rechts führt ein Weg. »Links!« brüllt Sigi, warum, weiß ich nicht, die Wegkreuzung ist in Staub gehüllt, vom Vordermann nichts zu sehen. Hätte Sigi nicht geschrien, wäre ich nach rechts gefahren. Aber links ist o.k., da sind sie wieder, die verschwommenen Nebelstrahler des BMW-Servicewagens. Guter Sigi. Ich bin nicht Röhrl, und ich habe, verdammt noch mal, keine Lust, Kopf und Kragen zu riskieren. Am liebsten würde ich diese vermaledeite Plastikplane aus dem Rahmen reißen, in den zahllosen Falten sammelt sich fingerdick der Staub, und zwischen den Runzeln, wo der Fahrtwind die Plane straffzieht, muß ich durchgucken wie durch einen Türspalt.

Plötzlich lichtet sich die diesige Wand, der Himmel ist wieder blau wie ehedem, und etwa 100 Meter weiter kippt der Weg über eine Kuppe, es muß steil bergabgehen, da er scheinbar im Nichts endet. Dritter Gang, zweiter Gang, Motorbremse. Bäume und Buschwerk zu beiden Seiten präsentieren sich in kräftigem Grün, als hätte sie irrtümlich ein Regenguß gestreift. Unser Brummi schiebt sich langsam über die Kuppe. Und jetzt sehen wir auch die anderen. Fein in Reihe haben sie sich hintereinander aufgestellt, bis hinunter zur Talsohle, wo ein etwa 100 Meter breiter Fluß die Straße durchtrennt.

Der erste Lastwagen wird bereits auf die Fähre verladen. Ich bin fix und fertig. Bis wir mit der Überfahrt dran sind, werden fast zwei Stunden vergehen, weil nur ein Brummi auf der Fähre Platz hat und sich auch einige kleinere Servicefahrzeuge unserem Troß angeschlossen haben. Für die Autos und Motorräder wird dies ein Zittertag, da Ersatzteile und Mechaniker nicht zur Stelle sein werden, wenn etwas passiert. Ein halbes Dutzend Brummi-Fahrer springen in voller Montur ins Wasser, zum Schrecken der Fährleute, die vor Krokodilen warnen, doch der Lärm der Motoren hat sie wohl ins Uferdickicht vertrieben. Die Idylle am Dionfluß ist ohne Wunden: Tropische Hölzer und giftgrünes Dickicht säumen die Ufer, Fischer gleiten im Einbaum über das fast wellenlose Wasser, Frauen, ihre Babys auf dem Rücken in Tücher geschnürt, waschen Wäsche, kichern und beäugen verstohlen die winterblassen Männer, die wie Kinder im Wasser planschen.

Es ist ein Platz für Genießer, wie es die beiden Pariser Claude Briand und Christian de Léotard sind. Obwohl längst aus der Wertung, sind sie immer guter Dinge, und um etwas angenehmer zu reisen, haben sie ihrem Mercedes-Geländewagen eine dritte Achse verpaßt, das dämpft die ärgsten Schläge zusätzlich. Außenbords haben sie Ziegenlederschläuche aufgehängt, so daß der Fahrtwind das Trinkwasser kühlt. Und viel Vitaminpulver haben sie dabei, in allen möglichen Geschmacksrichtungen, und bereiten daraus wohlschmeckende Getränke. Jedem, der will, geben sie davon was ab. Die beiden werden sicher gut bei Kräften sein, wenn sie in Dakar ankommen.

Es dämmert, als die Fähre unseren Brummi endlich ans andere Ufer bringt. Günter fährt. Die Straße ist zwar unvermindert schlecht, aber die Sicht ist wenigstens halbwegs gut, weil wir nicht mehr vom Staub eines Vordermannes überschüttet werden. Das Feld der Laster ist weit auseinandergezogen. Im Nu wird es stockdunkel. Die sechs Scheinwerfer unseres Brummis tasten sich durch einen düsteren Schlauch, der sich zwischen Bäumen und Buschwerk durchwindet. Ich bin wohl eingenickt, denn als Günter unseren M.A.N. plötzlich und ziemlich unsanft zum Stehen bringt, muß ich mich erst mal orientieren. Im Lichtkegel der Weitstrahler entdecke ich, knapp zehn Meter vor uns, einen fingerdicken und vielleicht 20 Zentimeter langen Stock, der senkrecht in der Fahrbahnmitte steckt, wie ein zur Warnung erhobener Zeigefinger. Unmittelbar dahinter führt eine Brücke über ein ausgetrocknetes Bachbett.

Günter hat — das muß ihm der Neid lassen — hervorragende Augen. Ein in die Erde getriebener Stock vor einem Hindernis signalisiert Gefahr, soviel haben wir schon gelernt. Die Brücke, die aus zwei Balken, einigen Brettern und Ästen besteht, ist für einen Lastwagen unpassierbar. Und nun sehen wir auch eine Schneise, die vorausfahrende Lastwagen ins Buschwerk geschlagen haben. Wir müssen durch das Bachbett hindurch und gelangen ohne größere Probleme wieder auf die Piste. Unmittelbar nach der Brücke folgt eine Linkskurve, die nahtlos in eine Rechtskurve übergeht. Am Fuß der Wegböschung, die sich im Gestrüpp verliert, leuchten knallgrot und nichts Gutes verheißend zwei Rücklichter. Wir halten an. Unten steckt ein roter Kleinlaster mit der Schnauze im Dreck, Startnummer 511, Marke »Unic Iveco«. Den kennen wir. Erst gestern haben wir ihn auf die Räder gestellt. Dominique und Jean-Pierre, die beiden Feuerwehrmänner, sind auch richtig glücklich, als sie uns wiedersehen.

Ich bin unheimlich sauer, würde die beiden Dussel am liebsten im Schlamassel lassen, aber das kann man ja auch nicht machen. Das Verrückteste ist ja, daß sie ohne Schaden die Brücke passiert haben, sie müssen so schnell drüber sein, daß die Bretter gar keine Zeit hatten zusammenzubrechen. Die Linkskurve haben sie auch noch geschafft, aber dann sind sie in die Botanik geschossen. Wieder sind beide unverletzt. Wir hängen unser Seil an und ziehen den »Iveco« aus dem Loch. Das dauert eine gute halbe Stunde, und als er endlich oben auf dem Weg steht, kriegen die schneidigen »sapeur-pompiers« einen Moralischen: Bei dem Aufprall ist die Vorderachse zu Bruch gegangen, das bedeutet, daß wir die Unglücksraben nicht mal ins Schlepp nehmen können. Ich weiß nicht, was die beiden vorhaben, und es interessiert mich auch nicht übermäßig. Wir bieten ihnen an, mit uns nach Kissidougou zu fahren, wo sie vielleicht eine Ersatzachse beschaffen könnten. Aber nein, sie wollen dableiben und in Ruhe überlegen. Einerseits tun mir die beiden Franzosen ja leid, sitzen mitten im afrikanischen Busch und grübeln, was mit ihrem Schrotthaufen geschehen soll. Andererseits verspüre ich so etwas wie Erleichterung, da wir den beiden mit Sicherheit nicht mehr in ähnlichen Situationen begegnen werden. Für sie ist die Rallye gelaufen.

Nach Kissidougou sind es noch knapp 80 Kilometer, wir erreichen es um Mitternacht. Wieder sind wir bei den letzten, »Africatours« hat nur noch Lauwarmes im Angebot. Diese Nacht verbringen wir auf dem steinigen Geviert des örtlichen Sportplatzes, der von betonierten Tribünen umgeben ist. Soldaten patrouillieren mit Gewehren, die Volksrepublik Guinea »beschützt« ihre Gäste. Als letzte eiern im Schrittempo die beiden Servicelaster des Mitsubishi-Teams ins Stadion. Mit letzter Kraft haben sie es bis Kissidougou geschafft, die bislang erfolgreichen »Pajeros« müssen bis Dakar ohne Serviceunterstützung auskommen. Die Werkfahrer Andrew Cowan und Hubert Rigal packen noch während der Nacht Werkzeug und Ersatzteile in ihre Autos, um gegebenenfalls selbst Hand anzulegen. Ohne Werkunterstützung müssen schon seit Beginn der Rallye die Französin Nicole Maitrot und ihre Copilotin Monique Delannoy auskommen. Sie fahren in der »Marathonwertung« mit einem serienmäßigen Mitsubishi-»Pajero« und dürfen keine fremde Hilfe in Anspruch nehmen. Monique, 36 Jahre alt, gehört schon zum »Inventar« der »Paris—Dakar«. Seit der ersten Rallye im Jahr 1979 ist sie dabei, bislang jedoch immer per Motorrad. 1979 wurde sie in der Endabrechnung Elfte, in den Jahren 1980 und 1981 kam sie nicht in Dakar an, 1982 wurde sie 14., und im Jahr darauf belegte sie den 20. Platz. Dieses Mal möchte sie die Rallye im Auto erleben, mal was Neues probieren, und in Dakar wird sie mit ihrem Experiment auf vier Rädern sehr zufrieden sein. Nicole Maitrot und Monique Delannoy gewinnen den Marathon vor 14 anderen, die im Ziel ankommen. Im Gesamtklassement werden sie 15., obwohl sie die letzten 200 Kilometer mit durchgeschlagenen Stoßdämpfern absolvieren müssen.

Für Menschen vom Schlage Nicoles hat Thierry Sabine die Rallye auch ursprünglich gemacht. Orientierungsfahrt und Härtetest für Menschen, die freiwillig Qualen auf sich nehmen, um sie mit einer Maschine zu teilen. Aber spätestens im Jahr 1980, als mit vier VW-»Iltis«-Geländewagen erstmals ein Werkteam in Paris an den Start geht, ahnt Sabine schon, welche Kuh es zu melken lohnt. Die Industrie hat »hier« geschrien, und auf diesem Ohr hört der Gernegroß aus Le Touquet besonders gut. Die Startgebühren für Motorräder erhöhen sich um mehr als 200 Prozent, die für Autos sogar um mehr als 300 Prozent im Vergleich zum Jahr 1979. Natürlich werden Sabines Unkosten immer größer, der Wasserkopf, den die Rallye durch Afrika schleppt, kostet eine Menge Geld. »Africatours«, die Verpflegungskolonne, ist dabei mit drei Mercedes-Lastwagen, vier Geländewagen, zwei Motorrädern, einem Flugzeug vom Typ DC 3 und 28 Helfern. »Cap 180«, der Rettungsdienst, wacht mit einem Hubschrauber, zehn Fahrzeugen und einer dreißigköpfigen Mannschaft über die Rallye. TEXACO wirft für den Transport von 500 000 Litern Sprit im tankstellenarmen Wüstengebiet 25 Leute in die Schlacht, und TSO (Thierry-Sabine-Organisation) hat mit einem Flugzeug, einem Hubschrauber für den Feldherrn, zwölf Geländewagen und sechzig Aufpassern die Oberaufsicht zwischen Paris und Dakar.

Spätestens seit diesem Jahr, in dem nach BMW auch die Firma Porsche ein Profiteam ins Feld schickt, sind die Privatfahrer nur noch schmückendes Beiwerk, an denen allenfalls noch die mitreisenden Journalisten ihren Spaß haben, weil sie immer für spektakuläre Unfälle gut sind. Auch die »Süddeutsche Zeitung« wird sich nach Abschluß der Rallye dieser unguten Entwicklung annehmen: »PS-Enthusiasten, die persönliche Herausforderung, oder was auch immer, suchen, für die der Zirkus ja eigentlich inszeniert wurde, sind heute nur noch Statisten. Sie sind bei der ›Paris—Dakar‹ allein dann noch gefragt, wenn sie das liefern können, wovon diese Veranstaltung in der Öffentlichkeit lebt: Sensationen. Sosehr die Standfestigkeit und Schnelligkeit der BMW-Motorräder ... zu bewundern ist, warum sucht das Münchner Werk den Wettkampf nicht im streng reglementierten Moto-Cross? So hoch die Arbeit der Porsche-Techniker auch einzuschätzen ist, die einen allradgetriebenen Wagen auf Anhieb zum Sieg brachten, warum stellen sie sich der Konkurrenz nicht dort, wo sie in geregelten Bahnen gegeneinander antritt? ... Man sollte die ›Paris—Dakar‹ den Abenteurern überlassen und den sportlichen Wettbewerb dort suchen, wo er seit Jahren zu Hause ist, bei Rallyes wie der ›Monte‹.«

Wie gesagt: Unser farbenfroher, verbeulter Aufkleberkorso nächtigt im Stadion von Kissidougou, ein Name wie eine freundliche Aufforderung zum Liebhaben. Wenn ich wüßte, was uns morgen früh bevorsteht, würde ich gleich jetzt, im Zelt, damit beginnen, diese Stadt zu hassen. Der erste Blick in der Frühe gilt nicht, wie in heimischen Breiten üblich, dem Wetter, sondern den Küchenwagen von »Africatours«. Man will wissen, ob der Kamin schon raucht. Das Frühstück bringen wir geschwind und, in Anbetracht der längst abgeschlossenen Gewöhnungsperiode, ohne Murren hinter uns, um unverzüglich von Monsieur le Commissaire, dem Oberpolizisten, den Stempel zu empfangen, der unsere Pässe erst zu einem ernst zu nehmenden Dokument macht.

Zum weißichwievieltenmal fülle ich die »fiche« (sprich fisch) aus, einen Zettel, in dem die Behörden vom Fremdling viele Fragen beantwortet wissen wollen. Unter anderem auch die Namen von Opa und Oma väterlicherseits, und weil ich heiter bin, trage ich ein: »Tristan« und »Isolde«. Das geht so auch in Ordnung, und ich bekomme meinen Stempel. Der Kommissar hat am Fuße der Tribüne einen

Tisch aufgebaut, hinter dem er Platz genommen hat, flankiert von drei rangniedrigeren Polizisten in Zivil, von denen der eine ab und zu das Stempelkissen befeuchtet und der andere die Pässe entgegennimmt. Der dritte ist vermutlich Ersatzmann, für den Fall, daß einer der beiden anderen schlappmacht. Während Sigi und Günter um ihre Bewilligung zur Weiterfahrt nachsuchen, putze ich unsere Plastikscheibe, schaue das Öl nach und wundere mich nach circa einer halben Stunde, daß meine beiden Partner als letzte auf dem Platz immer noch mit dem Kommissar palavern. Ich möchte es kurz machen, obwohl sich die folgende Szene über zwei Stunden hinzieht. Sigi Meier, Schweizer Staatsbürger, hat sich, was keiner im Team bis dato wußte, ohne ein einziges Visum auf die Reise durch sieben afrikanische Staaten begeben. Er habe so kurzfristig von seinem Engagement als Kameramann erfahren, daß es ihm nicht mehr möglich gewesen sei, die nötigen Visa zu besorgen. Algerien, Niger, Obervolta und Elfenbeinküste sind für Schweizer visafrei. Wie er jedoch an der Grenze nach Guinea eines Stempels habhaft wurde, ist dem Oberpolizisten ein Rätsel. Kraft seiner Autorität droht er damit, »Monsieur Meiäääär« festzuhalten, bis die vorgesetzte Dienststelle in Conakry weitere Anweisungen erteilt. Sigi wäre das natürlich gar nicht recht, und weil er sehr gut französisch spricht, sagt er dies dem aufgebrachten Polizisten. Er sei als Mechaniker in unserem Team unersetzlich, was sein »patron« den Herren Polizisten gern bestätigen werde. Der »patron« sei ich, lügt Sigi, womit ich jetzt auch noch in der Mangel wäre. Ich versteh' immer nur »Bahnhof«, und um die Posse komplett zu machen, läßt uns der Kommissar ziehen, macht aber zur Bedingung, daß sich Sigi umgehend bei der Gendarmerie in Conakry meldet. Die hätte dann zu entscheiden, ob Gefängnis oder nicht. Um seiner Aufforderung Nachdruck zu verleihen, begleitet er uns zu unserem Brummi und unternimmt einige, zum Glück halbherzige, Versuche, einen Blick auf die Ladefläche zu werfen. Wenn ihm das gelänge, säßen wir mit ziemlicher Sicherheit umgehend in einer Dreimannzelle. Unser Kameraequipment haben wir ohne »carnet«, ohne Zollerklärung, nach Guinea geschmuggelt. Und wenn schon nicht Knast, so wäre das mindeste, womit wir zu rechnen hätten, die Beschlagnahme sämtlicher Geräte. Seinen Film könnte Peter Welz dann im Trickstudio machen. Wir dürfen Kissidougou verlassen, ungeschoren, aber angefressen, vor allem ich. Am liebsten würde ich diesem liederlichen Eidgenossen ein paar zwischen die Hörner geben; die Zeit der Späße und des fröhlichen Beisammenseins ist endgültig passé. Wir sind nicht die einzigen, die in Kissidougou Ärger haben. Beim Start auf dem Flugplatz, der etwas außerhalb der Stadt liegt, explodiert ein Motor der DC 3, die Journalisten und ein paar Verletzte nach Dakar bringen soll. Insgesamt sind 23 Personen an Bord. Als das Unglück geschieht, befindet sich die Maschine bereits in 30 Meter Höhe. Der Pilot holt das brennende Flugzeug wieder herunter, wie durch ein Wunder kommt niemand zu Schaden. Die DC 3 verbrennt auf der Landebahn, mit ihr medizinisches Gerät für angeblich mehrere hunderttausend Mark.

Was war denn bloß mit Mass los?

Kissidougou — Freetown: 582 km

Tricky Thierry hat für den 16. Januar seiner Werbekolonne einen Abstecher ans Meer ins Road-Book geschrieben. Freetown, Haupt- und Hafenstadt von Sierra Leone, soll auch etwas von dem Spektakel abhaben. Wir dürfen da nicht hin, weil Sigi Meier auch für Sierra Leone kein Visum hat, worüber ich, ehrlich gesagt, nicht mal traurig bin. Wir bleiben in Guinea, fahren direkt nach Conakry, das auch am Meer liegt. Rudi folgt uns mit seinem M.A.N., unsere drei Geländewagen werden wir erst morgen abend in Labé treffen. Fünf Tage noch bis Dakar!
Für Sabines Geschmack ist immer noch zuviel Spreu im Weizenfeld. Um endlich Klarheit zu schaffen, wer zum erlesenen Zirkel der Besten gehört, gilt es, einen 152-Kilometer-»Scratch« zwischen Heremakono und Fadugu innerhalb der Sollzeit von drei Stunden zu überwinden. Das ist zu schaffen, wenn auch nur im Galopp. Gabreau/Gabbay, die ohnehin meistens neben der Piste ihre Gegner auszutricksen versuchen, verlieren nach einem spektakulären Überschlag mit ihrem »Pacific«-Range Rover zwar Zeit, bleiben aber im Limit. Nur die aufs Seitenblech gemalten Badenixen zeigen erste Kummerfalten. Was die Franzosen können, kann Roland Kussmaul auch. Sein Porsche fliegt per Überschlag in die Büsche, aber auch er kassiert keine Strafzeit. Jochen Mass, der sich in seiner 300 PS starken, blauen Daimler-Banane nach Westen quält, hat am Etappenziel neben dem Schaden auch noch Spott zu ertragen. Von dem Drei-Stunden-Limit hat der Rennprofi nichts mitgekriegt, sein baumlanger Beifahrer Steven Perry weiß zwar davon, vergißt aber, den Jochen zur Eile zu ermahnen. Wenige Meter (!) vor der Zeitkontrolle lassen sich Mass/Perry auf ein

194

Pläuschchen mit einem Bekannten ein, und als der Mercedes die Ziellinie passiert, ist Jochen Mass mit zwei Minuten über dem Limit. Dafür brummt ihm der Zeitnehmer 15 Strafstunden auf. Das Benz-Coupé fällt auf den 70. Platz zurück. Die Motorradschwestern Nicole und Marie-Claire Bassot, schon im Vorjahr dabei, aber nicht in Dakar angekommen, werden von den Honda-Mechanikern noch mal richtig scharfgemacht. Ein Mädchen, das per Motorrad die 12 000 Kilometer meistert, ist fast so werbewirksam wie ein Weltmeister, der die Rallye gewinnt. Mehr von unerbittlichen Mechanikerhänden geschoben, als dem eigenen Willen folgend, die freudlosen, ausgemergelten Gesichter hinter Plexiglas verborgen, machen sie sich auf nach Freetown. Wie ungleich besser haben wir es getroffen! Bequeme Sitze, ein solides Fahrzeug, Muße, um die Fahrt durch den phantastischen Urwald zu genießen, und Teerstraßen, von einigen Sandstücken abgesehen, bis Conakry. Und weil wir uns gegenseitig nicht mehr aufzuheitern vermögen, halte ich gelegentlich an, um Affen zu foppen.

In einem Dorf, wo wir uns mit Frischobst versorgen, sind wir im Nu von Kinderscharen umringt, die uns ungeniert die bunten Aufkleber vom Laster pflücken. Als sich zwei der Bengel jedoch an der Fahrertür zu schaffen machen, um unsere Startnummer zu klauen, muß ich einschreiten. Die Nummern brauchen wir. Gerade habe ich diesen Angriff abgewehrt, als an mir ein hageres Bürschchen mit einer schwarzen »5« auf dem Rücken vorbeiflitzt. Dieser Lümmel war so frei, eine »5« von der Beifahrertür aufs Trikot zu heften. Seine Clubkameraden bejubeln den gelungenen Coup mit infernalischem Geschrei. Erst als sich zwei bewaffnete Soldaten mit drohender Gebärde nähern, hat der Spuk ein Ende. Wie ein aufgeschreckter Hühnerhaufen rennen die Kinder davon. Es herrscht wieder Ordnung im Dorf.

Willkommen mit Knüppeln und Peitschen

Freetown — Conakry — Labé: 650 km

Hier stehen wir
niedergeschlagen
schweben zwischen zwei Zivilisationen,
finden das Gleichgewicht lästig,
wünschen daß etwas geschieht
uns auf den einen Weg stößt oder den andern,
tasten ins Dunkel nach hilfreicher Hand
und finden keine.
Ich bins müde, o Gott, ich bins müde
bin es müd in der Mitte zu hängen —
wohin aber kann ich gehn?   *Mabel Imoukhuëde*

Ich vermag nicht zu sagen, ob Conakry eine schöne oder
häßliche Stadt ist. Es ist kurz vor eins, als wir ankommen,
und außer den finsteren Silhouetten der Häuser und den
nachtdurchfluteten, geraden Straßen sehen wir nichts. Ab
und zu noch Soldaten mit Gewehren, die aufpassen; worauf,
weiß ich nicht. Wir haben die beiden Seitenfenster herunter-
gedreht, ein lauer Wind streicht durch die Kabine, es duftet
nach Meer. Je mehr wir uns dem Atlantik nähern, desto
prunkvoller werden die Häuser; Villen aus der französischen Kolonialzeit mit üppigen Gärten und Ozeanblick. Wo
die Wohngegend am feinsten ist, haben sich die Botschaften
etabliert, wie überall auf der Welt. »Ambassade de Suisse«
steht auf einem Schild, eine Adresse, die für Sigi wichtig ist.
Morgen früh will er dem Botschafter einen Besuch abstat-
ten, in der Hoffnung, doch noch sein Guinea-Visum zu
bekommen.
Eine enge Straße führt zum Strand, es ist Flut, und die
Lichtkegel unserer beiden Lastwagen tanzen auf den
Schaumkronen der Wellen. Das Meer! Für einen Moment

196

bin ich unschlüssig, wonach ich mich mehr sehne: nach einem Bett oder einem Sprung ins Salzwasser. Das Bett gewinnt. 200 Meter weiter haben sie einen mächtigen Betonklotz hingebaut, das »Grand Hotel de l'Indépendance«, zwanzig Stockwerke hoch, mit breiter Hotelauffahrt, geschorenem Gras und exotischen Ziersträuchern, die mehrere Rasensprenger bei Frische halten. Wir benützen die Hotelauffahrt, vor dem gläsernen Schiebeportal gebe ich noch mal richtig Gas, damit der Livrierte an der Rezeption gleich weiß, was er zu erwarten hat. Auf dem Parkplatz stellen wir unsere Brummis ab.

Das »l'Indépendance« ist das vornehmste Hotel in Guinea, und wir sind unter Garantie der verwahrloste Haufen, der je in dieser feudalen Marmor- und Spiegelempfangshalle seine Anmeldezettel ausgefüllt hat. Wir sind sechs: Günter, Sigi und ich, Rudi, Ulli, der Förster, und Wolfi, der Heli-Mechaniker. Wir schicken Sigi vor, weil er am besten französisch spricht. Zudem macht er von uns allen noch den saubersten Eindruck, da er selbst in ungereinigtem Zustand immer ein wenig wie gebadet aussieht. Die Schweizer haben nun mal so was Sauberes an sich. Aus dem Restaurant kommend, betritt ein europäisches Paar die Halle, beide »well dressed« fürs späte Dinner. Madame und Monsieur nehmen uns wahr, tuscheln, eilen retour ins Restaurant. Sie sind nur die Vorhut, denn wenig später kehren sie mit einem Dutzend gleichfalls hervorragend Gekleideter in die Halle zurück. So stehen wir uns gegenüber, wie zwei verfeindete Banden, die sich auf den Waffengang vorbereiten. »Muds« contra »Beauties«.

Ich will nicht prahlen, aber von unserer »Gang« mache ich mit geringem Abstand zu den anderen den schlechtesten Eindruck: verölte, verklebte Shorts, barfuß, dementsprechende Füße, adäquate Arme und Hände, ein T-Shirt auf dem Leib, dessen angestammte Farbe erst nach mehreren

Hauptwaschgängen neu zu bestimmen sein wird, Vollbart und Haupthaar seit Tagen ungebürstet. Inzwischen hat auch die Nachhut das Restaurant verlassen, um sich zu den übrigen zu gesellen, die nun, scheinbar ohne Interesse für uns, ihre Zimmerschlüssel an der Rezeption abholen. Dabei fallen ihnen vor Neugierde fast die Pupillen aus den Augen. Während Sigi drei Doppelzimmer ordert, sitze ich auf meinem verstaubten Alukoffer und schneide mit der Schere meines fünfzehnteiligen Nothelfers — einem Schweizer Taschenmesser — ein Stück des großen Zehnagels ab, weil er eingerissen ist und weh tut. Das könnte ich natürlich auch im Zimmer erledigen, aber wenn schon unangenehm auffallen, dann richtig. Treffer: shocking bei den »Beauties«.

Ein Doppelzimmer kostet 90 US-Dollar. Und Dollar sind auch im »sozialistisch-revolutionären« Guinea das Maß aller schönen Dinge. Aber erst am nächsten Morgen, beim Begleichen der Rechnung, werde ich erfahren, w i e v i e l 90 Dollar in Guinea sind. Ich teile mit Ulli ein Doppelzimmer im neunten Stock. Das 90-Dollar-Doppelzimmer ist »revolutionär«. Stühle und Kommoden sind reichlich vorhanden, aber da wir ja weder im Schrank noch im Sitzen zu schlafen gedenken, gilt unser Hauptaugenmerk dem Bett. Das ist breit genug für einen, jedoch viel zu schmal für zwei. Daneben steht ein Sofa. Das ist fast zu schmal für einen, kein Kopfkissen und kein Plumeau. Ohne daß ich ihn dränge, erklärt sich Ulli bereit, den Diwan zu belegen. Das ist eine noble Geste, aber schließlich wiegt er nur 70 Kilo und ich, trotz gravierender Verluste während der vergangenen zweieinhalb Wochen, immer noch gute 100.

Zunächst nehme ich ein Bad. Es gibt eine richtige Wanne, an deren Rand als Aufmerksamkeit des Hauses kleine Schaumbadbeutel aufgereiht sind. Heute ist der 16. Januar. Mein letztes Bad in einer Wanne datiert vom 31. Dezember im Pariser »Sofitel«. Was ich dabei empfinde, vermag ich nicht zu beschreiben, nur soviel: Ich liege über eine Stunde im Wasser.

Kurz nach halb drei, während Ulli badet, melde ich ein Telefongespräch nach München an. Zehn Minuten später klingelt es, die Verbindung ist miserabel, wie das Wetter in Deutschland, aber Monika geht es gut, und der Hund ist ungezogen. Ein paar Rechnungen müssen bezahlt werden, Geld ist keines gekommen, wir lieben uns trotzdem. Dann — bis bald. Macht 48 Dollar.

Frühstück ist um sieben, es gibt dünnen Kaffee, aufgebackene Brötchen, Plastikkonfitüre und einen mäßig saftigen Melonenschnitz. Das Besteck ist aus Silber. Ein »petit déjeuner« oder »winziges Frühstück« heißt das. Macht 16 Dollar für zwei Personen. Der Blick aufs Meer ist gratis. An der Kasse, wo wir unsere Rechnungen bezahlen, wird mir so elend, wie es mir während der gesamten Rallye nie war. Ich habe keine Dollar, kann aber auch in Deutschmark bezahlen. Der dunkelhäutige Kassierer setzt seine Rechenmaschine in Gang. Ein Dollar kostet 3,15 Mark! Und schon rauschen die Zahlen über den Papierstreifen. Ein Doppelzimmer: 90 Dollar; ein Telefongespräch: 48 Dollar; ein doppeltes Frühstück: 16 Dollar. Macht zusammen 154 Dollar mal Dreimarkfuffzehn, das sind »net a payer« — 485,10 Mark! Und das für vier Stunden Schlaf! Hätte ich bloß in der Frühe noch mal gebadet, das Radio aufgedreht, sämtliche Lichter angeknipst, das Wasser laufen lassen, die zwei Rollen Klopapier geklaut . . .

Wir haben keine Eile, denn die Rallye, die aus Freetown kommt, wird erst am späten Vormittag in Conakry eintreffen. Sigi macht sich gleich auf den Weg zur eidgenössischen Botschaft, um ein Visum für Guinea zu erbetteln. Er bekommt es auch. Günter und ich fahren zur nächsten Tankstelle und füllen 300 Liter Diesel auf, den Liter für elf französische Francs, das sind etwa 3,70 Mark. Das letzte Geld, das uns Peter Welz mit auf den Weg gegeben hat, geht dabei drauf, umgerechnet 1110 Mark!

Nun ahne ich auch, wie es Thierry Sabine gelungen ist, der Rallye die Grenzen nach Guinea zu öffnen. Paßt auf, wird er den Verantwortlichen gesagt haben, da kommt so ein Haufen Doofköppe, die bezahlen jeden Preis, bloß um möglichst schnell Dakar zu erreichen. Und um das Schurkenstück auf die Spitze zu treiben, ist vor dem »Palais du Peuple«, dem Sitz der Regierung, eine gigantische Werbeveranstaltung mit Fernsehen und allem Pipapo angesagt. Noch ist der Platz vor dem »Volkspalast« — er mißt etwa 300 mal 300 Meter — nur von einer halben Hundertschaft Militärs und Polizisten belegt, die auf dem gepflegten Asphalt umherwieseln. Wir parken unseren Brummi in angemessener Entfernung zur Ehrentribüne, Sigi baut auf dem Kabinendach die Kamera auf. Rudi ist mit seinem M.A.N. schon auf dem Weg nach Labé, dem nächsten Etappenziel.

Der »Platz des Volkes« ist mit übermannshohen, spitzen Gitterstäben umfriedet, damit das Volk nicht auf den Platz kann. Später werden in- und ausländische Zeitungen berichten, daß sich »zum triumphalen Empfang der Rallye eine halbe Million Menschen eingefunden hat«, die den »Place du Peuple« und die Zufahrtsstraßen säumen. Es ist in der Tat beeindruckend: Als gegen elf Uhr die ersten Motorräder über den Asphalt knattern, hebt ein vieltausendstimmiges Jubelgeschrei an. Die »Gladiatoren« ziehen artig eine Schleife vor der Ehrentribüne, queren den Platz in seiner gesamten Länge, um dann auf der exakt vorgeschriebenen Mittelachse zur Tribüne zurückzufahren und in Reihe vor den Honoratioren Aufstellung zu nehmen. Auf dem überdachten Ehrenpodest hat sich das gesamte Kabinett Sékou Touré versammelt. Der Staatspräsident selbst ist, wie schon erwähnt, verhindert, da er in einer amerikanischen

Klinik derzeit sein Hinscheiden erwartet. Ein seelenloser Klotz, wen da die Rührung nicht übermannt! Die Herren Minister, mit blütenweißen, bodenlangen Kitteln angetan, den brokatdurchwirkten Fes auf dem Krauskopf, sehen richtig sakrosankt aus, als könnten sie kein Wässerchen trüben. Auch ihre Frauen sind dabei, bunte, seidene Farbkleckse.

Nicht weit von hier muß das »Camp Boiro« sein, neben dem »Camp Keme Boureima« in Kindia das unmenschlichste Gefängnis in Guinea. Laut »amnesty international« ist es vollgestopft mit politischen Gefangenen, die seit Jahren Folter und psychische Qualen erdulden müssen. Die sanitären Verhältnisse, Ernährung und ärztliche Versorgung seien katastrophal. Die »diète noire«, die »schwarze Diät« — so »amnesty« —, »ist eine besonders lang während und qualvolle Form der Hinrichtung und bedeutet den vollkommenen Entzug von Nahrung und Wasser, bis der Gefangene stirbt«. Eine beliebte Methode, um politische Gegner zum Reden oder für immer zum Schweigen zu bringen. Der Jubel der »Fünfhunderttausend« wird ganz bestimmt durch die Mauern des »Camp Boiro« dringen und den Geschändeten das Jubelfest der Volksrepublik verkünden!

Inzwischen sind es ein paar tausend — vor allem Kinder und Jugendliche —, denen es gelungen ist, auf den Platz zu kommen. Die »Ordnungskräfte«, verwahrloste Gestalten in Zivil, schlagen mit Knüppeln, Stöcken und Peitschen erbarmungslos auf die Zudringlichen ein, die doch nicht mehr wollen, als den »Helden der Rallye» ganz nahe zu sein. Den Namen Jacky Ickx scheinen wirklich alle in Guinea zu kennen, denn als der Belgier mit seinem Porsche auf dem Platz eintrifft, hebt ein unfaßbares Geheul an: »Schackiiiiii! Schackiiiiii!« Als alle da sind, schwebt, dramaturgisch perfekt gemacht, der Meister, der Feldherr, der Freund Guineas, Thierry Sabine, im weißen Helikopter ein. Im weißen

Overall, ein weißes Tuch um den Hals geschlungen, schreitet er die Formation seiner Legionen ab und verharrt in vorderster Front, weil nun der Premierminister von Guinea, Dr. Lansana, eine Rede hält. Sie beginnt mit dem marktschreierischen Dialog zwischen Macht und Ohnmacht.

»Le colonialisme?«

»A bas!«

»Le capitalisme?«

»A bas!«

»La révolution?«

»Vive la révolution!«

»Le Rallye Paris—Alger—Dakar?«

»Vive le Rallye Paris—Alger—Dakar!«

Nieder mit dem Kapitalismus! Es lebe die Rallye Paris—Algier—Dakar! Wir sind, so scheint es mir, in einem perfekt organisierten Tollhaus. Dann lobt Dr. Lansana Monsieur Sabine auch noch im besonderen als einen »großen Organisator und Freund Guineas« und so weiter.

Ich hocke auf dem Kabinendach unseres Brummis und frage mich, ob ich überhaupt noch auf dieser Welt bin. Aber klar doch, Thierry Sabine wird es mir und der halben Million gleich sagen. Denn nun folgt sein Auftritt im Glanz der Minister und deren Damen.

Es schnüre ihm vor Erregung die Kehle zu, weil es ihm endlich gelungen sei, die Rallye durch dieses wunderbare Land mit seinen wundervollen Menschen und einer wunderbaren Regierung zu führen ... Und auch für das nächste Jahr rechne er mit einem Aufenthalt in Conakry, weil der Empfang so phantastisch war. Sigi filmt die Show vom Dach unseres Brummis. Unser Lastwagen ist der einzige auf dem Platz, da die anderen schon auf dem Weg nach Labé sind. Schade drum, sie versäumen eine ganze Menge.

Als Sabine sein Weihrauchfaß wegpackt, bricht der Sturm los. Tausende belagern den »Platz des Volkes«, die wild um sich prügelnden Ordner ertrinken in der Flut der Menschenmassen. Ich sitze hinterm Steuer wie auf einer Insel, die von einem Meer Hysterischer umbrandet ist. Plötzlich wird die Beifahrertür aufgerissen. Jacky Ickx klettert behende in die Kabine, knallt die Tür zu. Hier fühle er sich einigermaßen sicher vor dem Ansturm der Fans, sagt er. Die Seitenscheiben sind heruntergekurbelt, es ist heiß. Auf beiden Seiten greifen schwarze Hände mit Zetteln und Kugelschreiben ins Kabineninnere. Sie wollen Autogramme von »Schackiiiii«. Der Star schreibt willig seinen Namen auf schmuddelige Fetzen, auf Zigarettenschachteln und T-Shirts, fünfzigmal, hundertmal, wortlos, mit einem sympathischen Lächeln. Ein cooler Profi beim Bad in der Menge. Inzwischen hängen sie schon an den Rückspiegeln, kloppen sich um einen Platz auf dem schmalen Trittbrett, und wer es nicht schafft, an Jacky Ickx heranzukommen, möchte wenigstens von mir ein Autogramm. Wieso er denn die »Paris—Dakar« mitfährt, möchte ich von Jacky Ickx wissen.

»Weil es eine feine Sache ist und eine gute Gelegenheit, Prototypen wie den Allrad-Porsche optimal zu testen«, sagt Monsieur Ickx. Keine Einwände? Doch, sagt Ickx. Der Zirkus vor den Hotels, der passe nicht zu einer Rallye wie dieser. Und gegen Spezialetappen, die durch Dörfer führen, sei er auch. Viel zu gefährlich für Fahrer und Zuschauer . . . Darüber habe er auch schon mit Sabine geredet, und im nächsten Jahr solle das auch anders werden.

Nach einer halben Stunde hat Jacky Ickx keine Lust mehr, seinen Namen zu schreiben. Durch die MG-Schützen-Luke flüchtet er vor den enttäuschten Autogrammjägern aufs Dach. Aber auch da oben ist er nicht sicher und läßt sich zu weiterer Schreibarbeit überreden.

Nach zwei Stunden Entertainment macht sich Sabines Karawane wieder auf den Weg. Allmählich glaube auch ich, daß eine halbe Million Menschen auf den Beinen ist, denn bis zum Ortsausgang von Conakry fahren wir durch ein Spalier begeistert Jubelnder. Es lebe die Rallye Paris—Dakar! Nieder mit dem Kapitalismus! Das begreife, wer kann.

350 Kilometer »Liaison«, zumeist auf ordentlichen Teerstraßen, führen uns bis zum Abend nach Labé. Das Nachtlager wird auf dem von Mauern umgebenen Sportplatz der Stadt eingerichtet. Unsere drei Geländewagen und Rudi mit seinem M.A.N. haben uns in ihrer Mitte ein Plätzchen reserviert. Auch der »alte Capito« lagert mit Volker und Karl-Wilhelm ganz in der Nähe. Mercedes hat ihnen aus Deutschland drei neue Dichtungsringe für die Lenkhydraulik nach Quagadougou geschickt, und so wollen sie wenigstens in Dakar ankommen.

Peter Welz ist in einer beklagenswerten Verfassung. Seit zwei Tagen martert ihn ein apokalyptischer Durchfall, der ihn an die zwanzigmal pro Tag in die Büsche treibt. Vermutlich hat er sich eine Darminfektion eingefangen. Die meiste Zeit hängt er völlig apathisch auf dem Beifahrersitz des »Pickup«, an Dreharbeiten ist vorerst nicht zu denken. Es läge nahe, daß zumindest jetzt Jürgen Bretzinger Regie macht, bis Welz wieder auf dem Damm ist. Aber zwischen den beiden gibt es wohl nichts mehr zu kitten. Aus den Tiefen unserer Koffer, Säcke und Taschen ramschen wir alles an Tropfen, Pillen und Tinkturen zusammen, was maladem Darm hilfreich sein könnte. Widerstandslos schluckt Welz alles. Erst am dritten Tag kündigt sich Besserung an.

Die Nacht in Labé ist ungemütlich. In allen Ecken des Stadions wird gehämmert, geschweißt und geflucht. Im BMW-Team herrscht dicke Luft, die Rallye geht in die Endphase. Gaston Rahier, der Belgier, liegt in der Gesamtwertung sechs Minuten vor seinem ärgsten Konkurrenten und Teamgefährten Hubert Auriol; kein sicheres Polster, wenn man gewinnen will. Nun argwöhnt der kleine Belgier Verrat. Man wolle den schönen Hubert zum Sieger machen.

204

Einen minderwertigen Reifen habe man ihm untergejubelt und noch dazu einen Auspuff, der, seiner Schätzung nach, die Motorkraft um zehn PS reduziere. Daß »le beau Hubert« von BMW-Teamchef Dietmar Beinhauer mit Vorschußlorbeeren ins Rennen geschickt wurde, ist ja kein Geheimnis, und im letzten Jahr hat der Franzose schließlich auch gewonnen. Aber Gaston Rahier, dreifacher Moto-Cross-Weltmeister, ist von den beiden der bessere Fahrer, darauf schwören zumindest die Experten im Feld. Rahiers Leidensdruck ist so groß, daß er die verbleibenden Nächte bis Dakar im Schlafsack neben seiner Maschine verbringen wird.

Der Streß treibt auch anderswo seltene Blüten. Hans Obermaier, M.A.N.-Mechaniker und Beifahrer im Porsche-Service-Vierachser, weigert sich, hinterm Steuer zu sitzen. Jede Nacht bastelt er an seinem Brummi, weil Chefpilot Jean-Claude Avoyne wie »eine gesengte Sau« (Obermaier) fährt und die Kabine nur noch wie an einem seidenen Faden hängt. Da bleiben pro Nacht höchstens noch zwei, drei Stunden Schlaf. Zu wenig, um am Tag auch noch zu pilotieren. Auch Adi Dirl vom BMW-Serviceteam und verantwortlich für die Fitness ihres Dreiachsers, ist auf seine französischen Kollegen schlecht zu sprechen. Henri Gabrelle und sein Kompagnon Alain Voillereau haben binnen zwei Tagen das Profil der beiden Vorderreifen dank rasanter und riskanter Fahrweise bis auf wenige Millimeter kleingekriegt, und die Kabinenaufhängung ist auch angeknackst. Während die beiden Franzosen längst in ihren Schlafsäcken stecken, ist Dirl noch bis weit nach Mitternacht am Schweißen und Reifenwechseln. Ich helfe ihm, so gut ich kann, nicht weil ich ein so feiner Mensch bin, sondern weil mir etwas Bewegung guttut und der Dirl zudem ein netter Kerl ist.

Das Operationsfeld des Porsche-Teams gleicht einer Wagenburg, die die nächtlichen Aktivitäten nach drei Seiten hin gegen Zaungäste abschirmt. Nur Ickx-beliebige dürfen zuschauen, wenn die Porsche-Orthopäden ihre malträtierten Renner wieder auf die Beine bringen. Was ist mit Mass los? Der wieselt noch zu später Stunde durchs Stadion und sucht seinen Serviceman, Hubert »Crashbach« (der mit dem »Rollbraten«-Motor). Jochen Mass braucht einen neuen Reifen, und den hat Greschbach. Aber der kommt erst in den Morgenstunden in Labé an, weil er mit seiner bandagierten Maschine das Tempo der Rallye nicht mithalten kann. Kurz vor dem Start zur nächsten Etappe wird er seinem Starpiloten ein neues Rad auf die verbeulte Daimler-Gurke schrauben.

Die Nacht ist so kurz, daß es nicht lohnt, ein Zelt aufzubauen. Es ist fast zwei Uhr, als ich in den Schlafsack krieche. Dort fühle ich mich von Tag zu Tag heimischer, nicht mehr so eingeschnürt wie zu Anfang der Rallye. Ein positives Zeichen: Ich habe abgenommen. Als mir Peter Welz zart ins Kreuz tritt, habe ich das Gefühl, ich sei eben erst eingeschlafen. Es ist sechs Uhr und noch stockdunkle Nacht. Meine Müdigkeit macht mich so wütend, daß ich Steine fressen könnte. Die anderen Schlafsackbündel liegen noch kreuz und quer regungslos im Sand. Ich bin der Dumme, muß zum Flugplatz von Labé, etwa zwei Kilometer außerhalb.

Auf meinem Brummi transportiere ich ein gut eineinhalb Zentner schweres Kamerastativ, ein Spezialgerät für Luftaufnahmen. Heiko Zimmer, der Pilot, und Peter Ambach, unser Kameramann, sind schon ungeduldig. Sie wollen spätestens um sieben Uhr los. Im Halbschlaf dirigiere ich den Laster durch enge Gassen, über vertrackte Kreuzungen. Kein Mensch ist unterwegs, nur ich — und ein paar Hühner. Mehr zufällig als zielsicher finde ich den Flugplatz auf Anhieb.

»Morgen.«

»Morgen.«

Dies ist noch nicht die rechte Stunde, um Herzlichkeiten auszutauschen. Ambach ist muffig, Zimmer ist muffig, ich sowieso. Morgenstund' hat Groll im Mund. Wir laden das Stativ aus, und schon bin ich wieder unterwegs zum Camp, das sich mittlerweile mit Leben erfüllt. Motorräder laufen Probe, Schlafsäcke werden zu Würsten gerollt, erschöpfte Marketenderinnen kleckern Kaffee in verbeulte Blechnäpfe. Auch ich halte meinen Topf hin und hoffe auf die belebende Wirkung des finsteren Gebräus. Könnte ja sein, daß i c h heute derjenige bin, der etwas Koffein erwischt.

Als Dank für erwiesene Gastfreundschaft läßt die Rallye, wie jeden Morgen, ihren Müll zurück, verstreut über den ganzen Sportplatz. In Labé gibt es keine Schaugierigen wie in Conakry, die uns mit tosendem Jubel verabschieden. Hier scheinen die Menschen froh zu sein, daß wir uns aus dem Staub machen. Ab und zu winkt jemand, gleichsam als stumme Weisung: »Laßt euch nur nicht aufhalten.« Übermorgen werden wir in Dakar sein, eine kindliche Zeitrechnung beginnt: noch zweimal im Zelt schlafen, noch zweimal Frühstück bei »Africatours«, noch viermal Zähneputzen mit trübem Wasser, noch ein »Scratch«, der an die Knochen geht, und zwei weitere, die nicht mehr schlimm sind.

Ein Bachbett und sonst gar nix

Labé — Tambacounda: 457 km

460 Kilometer sind es bis Tambacounda, schon im Senegal, das letzte der sieben afrikanischen Länder, die wir innerhalb von zwanzig Tagen heimsuchen. Peter Welz schickt Sigi, Günter und mich auf einer anderen Route, etwas westlicher, zum Etappenziel. Vereinzelte rote Abschnitte auf der Landkarte lassen auf dieser Strecke freundlichere Fahrbahnen vermuten. Sigi soll Landschaften und ihre Menschen filmen. Dazu braucht er Zeit, und die erhofft sich Welz, indem er uns über Koundara nach Tambacounda schickt. Dies ist, wie sich schon alsbald zeigt, ein vorschnelles Kalkül. Und ich werde mich im Laufe der kommenden 17 Stunden wiederholt fragen, ob wir das Rot auf der Landkarte, das Straßen der gehobenen Kategorie angibt, unter Umständen falsch gedeutet haben. Und obwohl unsere Michelin-Karte als das Empfehlenswerteste an Orientierungshilfe für diese Gegend angeboten wird, quälen uns immer wieder Zweifel, ob wir tatsächlich auf dem rechten Weg sind, ob wir überhaupt auf einem Weg sind. Sofern es einem Untoten zusteht, diese Wortwahl zu gebrauchen: Was uns erwartet, ist das Fegefeuer! Mehrmals während der bisherigen 11 000-Kilometer-Tortur hatte ich die vage Hoffnung, daß es viel schlimmer nun nicht mehr werden könnte. Aber sollten wir, egal wie, jemals in Tambacounda ankommen, so würde ich dem Heiligen Christophorus eine dicke Kerze stiften, von mir aus auch zwei. Unsere Sünden hätten wir sowieso allesamt, mit einem Schlag, abgebüßt.

Die ersten Kilometer nach Labé sind quasi zum Eingewöhnen. Man braucht nur einem schmalen, sandigen, steinigen, mit Löchern gespickten Band zu folgen, das sich, gelegentlich zumindest, als brauchbare Piste zu erkennen gibt. Ich hätte Lust auf eiskalten Pfefferminztee, ohne Zucker, oder eine Flasche Bier mit Nußkuchen oder eine Portion »Weißlacker« in Essig und Öl, das Gemeinste, das aus Allgäuer Käsereien kommt. Halluzinativ stelle ich ein Menü zusammen ... Im allerletzten Moment nehme ich eine Grube wahr, die sich, etwa drei Meter lang und einen Meter tief, über der gesamten Breite des Weges vor uns auftut. Mit einem Wehklagen plumpsen zuerst die beiden Vorderräder, dann die hinteren auf den Grund der Grube. Auf der Ladefläche stöhnen die Alukisten unter dem festen Griff der Gurte. Aus den Augenwinkeln prüfe ich die Reaktion der beiden neben mir. Günter streift mich mit verstohlener Empörung, und Sigi legt seinen Gurt an, nachdem er mit dem Kopf soeben knapp unterm Kabinendach war.

Ab sofort würde es genügen, wenn unser Brummi nur zwei Gänge hätte. 20 km/h sind das Äußerste, war wir uns und dem Lastwagen zumuten können. Meistens geht es nur im Schrittempo vorwärts. Steine und Felsblöcke reihen sich zu einer endlosen Holperstrecke aneinander, kilometerweit kriechen wir durch wasserlose Bachläufe, beidseitig werden wir von urwaldähnlichem Dickicht gegängelt, ein Ausweichen ist unmöglich. Das alles hat mit Fahren nichts mehr zu tun. Es ist ein einziges Vorwärtstaumeln, Kriechen, Sichdahinschleppen, Torkeln, Wanken und Schaukeln. Für 200 Kilometer auf dem Weg nach Dakar benötigen wir 13 Stunden! Und immer wieder Brücken, die nur als solche auszumachen sind, weil Baumstämme, Astwerk oder Bretter in andeutungsweise erkennbarer Symmetrie über Gräben und Bäche geschichtet wurden.

Bevor wir uns auf diese tückischen Überführungen wagen, muß jedesmal einer von uns dreien aussteigen, um den Unterbau zu prüfen. Wenn eiserne T-Träger verlegt sind, balancieren wir unseren Brummi einigermaßen sicher über Gräben und Bäche, Holzbohlen indes mißtrauen wir der

Vorsicht halber und schinden unseren allradgetriebenen Kraftbolzen auf Umwegen über steil abfallende Böschungen. Die Möglichkeit, in einem der Gräben steckenzubleiben, die Aussicht auf einen Schaden an Motor oder Getriebe, weitab vom Feld der Rallye, immer noch mehr als 100 Kilometer von der nächsten größeren Stadt entfernt, das macht mulmig. Gelegentlich lichtet sich das Dickicht und gibt den Blick frei auf verlassene, halbverfallene Strohhütten. Die Menschen, die hier lebten, sind wohl weitergezogen, auf der Suche nach Wasser.

Wenn wir wieder zu Hause sind, werden wir viel zu erzählen haben, von atemberaubend schlechten Straßen vor allem und von dem Land, das unmittelbar angrenzt. Von Afrika und seiner Faszination, die zu erfühlen Weile braucht, die nur jener wahrnimmt, der es auch wirklich will, von diesem Afrika werden wir kaum berichten können. Nur gelegentlich, wenn wir anhalten, um zu pinkeln, den Motor abschalten, ein paar Schritte weit das Gras der Savanne niedertreten und vielleicht sogar den Atem anhalten — dann kann man ahnen, wie schön es wäre, k e i n Ziel zu haben. Aber wir m ü s s e n nach Tambacounda zu Sabine, Welz und den anderen. Die Torkelstrecke hat, so scheint es, kein Ende. Zwölf Stunden Fahrt im Schneckentempo liegen hinter uns, der kühlende Nachtwind streicht durch die Kabine. Sind wir auf dem rechten Weg? Es gibt keine Anhaltspunkte, um uns auf der Karte neu zu orientieren, wir müssen weiter, in der Hoffnung, bald auf ein Dorf zu stoßen, das einen Namen hat. Feuerschein ganz weit vorne macht uns Hoffnung. Meter um Meter quälen wir uns weiter. Sigi sitzt am Steuer, Günter döst. Das Kinn auf die Brust gestützt, baumelt sein Kopf im Rhythmus des tanzenden Lasters, als wäre er kardanisch aufgehängt. Der Lichtschein teilt sich beim Näherkommen in ein halbes Dutzend Feuer. Ein Dorf. Boundou! Unser Dorf an der Grenze nach Senegal!

Die dreizehnte Stunde seit unserer Abfahrt in Labé ist vorbei. Zwei Meter vor dem Schlagbaum stellt Sigi den Motor ab. Wie groß das Dorf ist, kann man nicht sehen, da die Feuer zu beiden Seiten der Straße nur die vorderen Hütten erleuchten. Neben der Gendarmeriestation, dem vermutlich einzigen gemauerten Haus, weißgetüncht, mit giftgrünen Tür- und Fensterrahmen, sind zwei mit Stohmatten überdachte Stände aufgebaut. Obst gibt es, Brot, Kaffee und Tee. Ein alter Mann mit einem freundlichen, gegerbten Gesicht erhebt sich von einer Bank, zwei junge Burschen folgen seinem Beispiel. Wir sollen uns setzen, bedeutet uns der Greis. Zwanzig oder dreißig hocken auf langen, wackeligen Bänken, Frauen in bunten Kleidern und mit knalligen Kopftüchern kichern, Kinder starren uns schweigend an, Männer treiben Späße in ihrer Sprache. Eine pralle Mami gibt uns Kaffee und frisches Weißbrot mit gesalzener Butter. Über den Feuern duften Fleischspießchen. Ein putziger schwarzer Ziegenbock beginnt ohne Scheu, meinen nackten Oberschenkel zu lecken. Salzigen Schweiß, den mag er.

Unser Lastwagen läßt die Leute kalt. Noch nie was von der Rallye Paris—Dakar gehört? Non. Monsieur le Commissaire, ein wuchtiger Brocken im olivgrünen Drillich, vermutlich der einzige Mensch im Umkreis von 200 Kilometern mit einem Stempel als Zeichen seiner Autorität, hat von der Rallye durch einen Kollegen in Conakry erfahren. Ob wir die ersten sind, will er wissen. Sigi erklärt ihm alles. Als er das Signum seiner Macht in unsere Pässe gedrückt hat, begleitet er uns zum Lastwagen. Den Stempel hat er dabei, er wird ihn wohl auch mit ins Bett nehmen.

Im Senegal hält man etwas mehr auf Straßenbau. Wir kommen zügig vom Fleck, auch wenn unsere Plastikplane wie eine nasse Regenhaut im Fahrtwind flattert und die Sicht erheblich behindert. Vier Stunden brauchen wir von der Grenze bis Tambacounda, und als wir endlich da sind, ist es kurz nach ein Uhr. Wieder hat Thierry Sabine seinen Konvoi in die Nähe eines Hotels dirigiert; diesmal keines von der ganz feinen Sorte, mit Swimmingpool und Rasensprenger zwar, aber eben nur zweite Wahl. Ich ziehe mit meinem Schlafsack hinaus in die Savanne, die gleich hinter dem Hotel beginnt. Der Boden ist ein bißchen sandig, ein bißchen steinig. Das macht nichts, denn die Stille, die mich einhüllt, ist weich wie ein Plumeau.

In der Nacht muß ich von Schnee und Eis geträumt haben. Mich friert, als ich aufwache, obwohl es warm ist. Kaum zehn Meter von mir entfernt bewegen sich zwischen dürren Grasbüscheln dunkelblaue Schlafsäcke. Rudis M.A.N. steht da, etwas abseits der Capito-Unimog und daneben unsere drei Geländewagen. In der Dunkelheit ist mir — nachtblind und erschöpft — entgangen, daß ich zufällig den Lagerplatz unseres Filmteams gefunden habe. Der Ford-»Transit« sieht übel aus. Sein linker Kotflügel ist abgerissen. Beim Frühstück wird die letzte Etappe retrospektiv gefahren — Crash des Kamerawagens inklusive: Sascha, der Jungmime, hat auch mal ans Steuer wollen. Irgendwo zwischen Labé und Kidougou hat er ein Brückengeländer rasiert, was für Sascha Disselkamp natürlich »ätzend« war. Jetzt schlabbert er ziemlich kleinlaut seine Schokolade, und wenn man ihn frotzelt, zieht er einen Flunsch.

Auch andere sind mißlaunig, obwohl sich doch ganz allmählich Hochstimmung ankündigen müßte, weil wir morgen in Dakar sein werden. Aber die Etappe von Labé nach Kidougou ist den meisten gehörig ins Mark gefahren. Als Piste mußte ein ausgetrocknetes Bachbett herhalten, über eine Strecke von 200 Kilometern. Ich kann mir gut vorstellen, wie das war. Etliche mußten Federn lassen oder zumindest Stoßdämpfer, wie Nicole Maitrot und Monique Delannoy, die in der »Marathonwertung« führen. Das Etappenziel in Dialakoto erreichen sie als 76., liegen aber dennoch auf

212

Platz 16 in der Gesamtwertung und weiter an der Spitze des »Marathons«. Als letztes in der Wertung verbliebenes Buggy rackert sich der Eigenbau des Franzosen Claude Arnoux bis Tambacounda durch, und Serge Bacou, der Yamaha-Pilot, hat es den BMW-Favoriten Rahier und Auriol gegeben: Er kommt als Erster in Kidougou an.

Herbert Schek, der 51jährige Alläuer, wird 38. und klagt am Etappenziel: »Des war des Schlimmste, des wo i' je erlebt hab'. Mei' Gott! Tut mir mei' Arsch weh!« Die Nacht verbringt er übrigens wieder mal auf blanker Erde, weil er nicht ausfindig machen kann, welchem Lastwagen er in Labé sein Gepäck anvertraut hat. In der Frühe streicht Schek wie ein Obdachloser durchs Camp, der von seiner Parkbank vertrieben wurde. Unausgeschlafen, aber gesegnet mit einer stoischen Ruhe wartet er am Verpflegungswagen, bis ihm einer seinen Napf überläßt, denn auch das Eßgeschirr liegt irgendwo auf der verstaubten Pritsche eines Lasters.

Auf der Plattform des Küchenwagens ruft Thierry Sabine per Megaphon zum »Briefing«. Heute trägt er wieder diese unnachahmliche Milde im Gesicht, und der Samt seiner Augen scheint jeden einzelnen zu streicheln. Der »Regens chori« preist seine Sänger, der Feldherr verteilt Balsam für die Wunden seiner geschrumpften Truppen. Mädels und Jungs, morgen nehmen wir DAKAR! Etwas abseits wartet schon sein weißer Hubschrauber mit laufenden Rotoren. Gleich wird sich's der Meister bequem machen, und der aufsteigende Helikopter wird den Zurückgebliebenen Staub und Müll um die Ohren blasen.

Sieben Kilometer außerhalb von Tambacounda beginnt der »Scratch«. Noch 600 Kilometer bis Dakar. Gebeugte und Geduckte richten sich noch einmal auf, den Blick starr nach vorn durchs trübe Visier gerichtet, die Gashand spielt leicht und locker wie ehedem im Gelenk. Noch 600 läppische Kilometer. Ein Klacks.

Keiner stürzt wie Ramses

Tambacounda — Sali Portudal: 348 km

Von den sieben in Paris gestarteten Motorradgespannen
sind noch zwei im Rennen, die Belgier Renders/Verboven
und die Franzosen Moquart/Fèvre. Soweit ich überhaupt
noch irgendwie dazu fähig bin, jemanden im Feld der Rallye
zu bewundern: Die physische Leistung der vier ist enorm.
Was hat Holger Roth, der Pechvogel aus Memmingen,
gesagt: »Als Schmiermaxe brauchst du die Kondition eines
Elefanten. 12 000 Kilometer stehend im ›Boot‹! Und wenn
du am Abend oder in der Nacht aus der Kiste aussteigst,
dann brauchst du erst mal ein paar Stunden, bis das Zucken
in deinen Kniescheiben nachläßt, bis der Körper wieder
einigermaßen zur Ruhe kommt. Und wenn die Aufhängun-
gen deiner Gliedmaßen wieder halbwegs o.k. sind, geht's
schon wieder weiter.« Später, als wir längst wieder in
Deutschland sind, wird mir Gaston Rahier erzählen, auf
welche Weise sich seine befreundeten Landsleute Ronny
Renders und Herman Verboven bei Wettkampflaune halten: Sie haben reichlich Whiskyflaschen an Bord ihres Ser-
vicewagens. Für jeden Tag eine, mutmaßt Rahier.
Der 100-Kilometer-»Scratch« führt mitten durch den
Busch. Die Piste ist heimtückisch, und nur wer sich exakt an
den Aufzeichnungen im Road-Book orientiert, hat eine
Chance, schadlos voranzukommen. Abschnittweise gestattet die harte Sanddecke Spitzengeschwindigkeiten von 140
km/h und mehr. Doch wehe dem Copiloten, der seinem
Fahrer nicht auf den Meter genau Löcher und Mulden, Felsbrocken und Geröll ankündigt. In den meisten Fahrzeugen
sind zu diesem Zweck sogenannte »Tripmaster« installiert,
exakt justierte Meterzähler, anhand derer die im Road-
Book angegebene Entfernung von einem Hindernis zum

214

nächsten eingestellt und abgelesen werden kann. Die Arbeit am »Tripmaster« nervt unheimlich, und nicht selten kriegt ein Copilot das Kotzen, so wie es Leute gibt, denen beim Zeitunglesen im fahrenden Bus übel wird.

Die Motorradfahrer, zumindest die Könner unter ihnen, haben es eine Spur einfacher. Sofern ihre Reflexe noch intakt sind, können sie sich den Hindernissen bis auf Sichtweite nähern, um ihnen dann blitzschnell auszuweichen, sie slalommäßig zu umkurven oder zu überspringen. Aber auch Meister sind schon vom Motorrad gefallen. Wie Ramses Fenouil, 33jähriger Journalist und Organisator von Rallyes kleinerer Machart als die »Paris—Dakar«. Seit 1979 fährt er im Troß von Thierry Sabine mit, war einmal sogar Vierter auf einer BMW. »Fenouil« (Fenchel) ist sein Pseudonym, und angeblich kennen nur seine engsten Freunde seinen richtigen Namen.

Etwa zehn Kilometer nach dem Start der Spezialetappe hat Peter Welz ganz dicht am Pistenrand eine Kamera aufbauen lassen, im Scheitelpunkt einer kaum wahrnehmbaren S-Kurve, die von einer tückischen Mulde durchzogen ist. Die sanft abfallenden Ränder der Delle werfen keinen Schatten, ein »erfreulicher« Umstand, der in dem Regisseur die Hoffnung keimen läßt, dramatischer Bilder habhaft zu werden. Wir müssen auch gar nicht lange warten. Nachdem die ersten Motorradfahrer dank fahrerischen Geschicks oder infolge behutsamen Fahrstils die hinterfotzige Stelle passiert haben, kündigt sich mit der Nummer 88 »Ramses Fenchel« an. Von Berufs wegen der Publizität überaus zugetan, gibt er noch mal ordentlich Gas, als er die auf ihn gerichtete Kamera sieht. Was er nicht sieht, ist das Loch. Mit schätzungsweise siebzig Sachen bohrt Ramses sich in die Mulde, der Lenker schlägt quer, der Fahrer längs, überwirft sich dreimal, wobei er einmal auf den Kopf fällt, und bleibt regungslos liegen. Sehnse, Herr Ramses, jetzt hamses! Die

Kamera läuft und läuft und hat alles eingefangen. Auch als Welz, Pöschl und Bretzinger zu dem Gestürzten laufen und ihn von der Piste zerren, weil der nächste Motorradler schon in Sichtweite ist, dreht Gilbert in Profimanier weiter. (In München habe ich mir diese spektakuläre Sequenz im Schneideraum ein paarmal angesehen, auch in Zeitlupe. Es ist schon ein wahnsinniger Sturz.)

Monsieur Fenouil ist etwas käsig unterm Helm, und als er nach circa 20 Sekunden die Augen aufschlägt, mag er sich vorkommen wie im Märchen. Iris Berben, gelb gedreßt und blaß geschminkt, hat sich über ihn gebeugt, Sorge im trainierten Blick, als hätte sie »Ramses Fenchel« eben wachgeküßt. Aber Fenouil ist hart im Nehmen, rappelt sich auf, schlurft, noch etwas schlecht zu Fuß, zu seiner Maschine, sitzt auf und fährt weiter. Vermutlich hat er eine Gehirnerschütterung. Aber Hauptsache, der Hintern ist heil.

Auch Autos geraten an dieser Stelle in arge Bedrängnis, Stoßdämpfer schlagen durch, einer der aufgemotzten Mercedes »Proto Koro« schießt mit blockierten Rädern in das Loch, dabei reißt es ihm die Motorhaube aus den Scharnieren. Es war eine gute Idee, die Kamera just an dieser Stelle aufzubauen, und die Sponsoren werden sich freuen, wenn sie im Kino ihre teuer bezahlten Plakatwände so hurtig durch den afrikanischen Busch hopsen sehen.

100 Kilometer »Scratch« sind für die langstreckenerprobten Kämpfer keine große Sache. Die sitzt man auf einer Backe ab. Der Spezialetappe schließen sich 200 Kilometer erholsamer Asphalt an. Nach der letzten Wüstenei zwischen Tambacounda und Mereto haben wir in die Reifen unseres Brummis wieder vier Bar reingeblasen, und bevor wir uns auf die beschauliche Reise nach Sali Portudal begeben, umkreise ich ein paarmal unseren M.A.N. Ein paar Öltropfen kleckern auf den Asphalt, das ist alles.

Wo heute Sali Portudal ist, muß es vor einigen Jahren noch

schön gewesen sein. Da war nämlich nichts außer Sand, der sich sanft ins Meer neigt. Ein paar Fischer lebten da und waren's zufrieden. Doch dann nahm ein touristikerfahrener Franzose namens Xavier Pinelli das Brachland ins Visier und begann Hotels zu bauen. Inzwischen sind es fünf, mit Bungalows, Swimmingpools, Tennisplätzen. Obwohl es bis Dakar nur noch lächerliche 100 Kilometer sind, wird hiergeblieben. So lautet der Befehl des Obersten Feldherrn Sabine. Schließlich kann man sich nicht bei Nacht und Nebel wie ein verluderter Haufen Deserteure in die Hauptstadt des Senegal stehlen. Der Triumph braucht das Tageslicht und die Massen, die dem Einzug der Rallye erst den wohlverdienten Glanz verleihen. Heute gibt es keinen Pferch, in dem die Rallye lagert, jeder sucht sich auf dem weitläufigen, mit Rasen und Sträuchern kultiverten Areal einen genehmen Platz. Wir vom Film richten uns vor dem »Sahara Beach« für die Nacht ein und bauen unsere Zelte ins gestutzte Gras.

Noch ist es Nachmittag. Motorradfahrer pellen sich aus ihren verdreckten Kombis, umlagert von geschniegelten Touristen aus Frankreich, Holland, England. Auch »Nekkermänner« sind dem europäischen Winter entwischt, um im Senegal Bräune zu tanken. Rheinischer Frohsinn dringt aus Männerkehlen, Söhnchen sammelt Autogramme, Paps und Muttchen haben schon das offizielle Rallye-Leibchen an mit viel Werbung drauf, das kann man in der Hotelhalle kaufen. Wer schmutzig ist, wird fotografiert. »Könnten Sie sich mal ans Steuer setzen?« Klick. »Danke. Und noch eins mit meiner Frau, so, daß man die Startnummer sieht.« Klick, klick. »Danke.« Söhnchen hat Ickx entdeckt und holt ein Autogramm. Iris Berben würde gern ein Autogramm geben, aber von ihr will keiner eines. Ich kann sie beruhigen: Mich kennt auch kein Schwein. Wer zum Meer will, muß durchs Hotel, dann am Schwimmbad vorbei und unter die

Duschen, damit das Meer nicht schmutzig wird. Weit draußen kann man Tanker sehen, die aus Nigeria kommen oder vom Persischen Golf.

Der Atlantik ist kalt. Nur einmal tauche ich unter — das war's dann schon. Im Restaurant neben dem Pool werden Langusten serviert. Wie sagt Sabine? »Sich selbst neu finden und entdecken, das ist e i n Ziel der Rallye.« Mir schwant, wir sind am Ziel, haben uns »neu gefunden und entdeckt«, und zwar im Kreise jener, die den kürzeren und unkomplizierteren Weg nach Dakar gewählt haben: per Flugzeug. Beim Anblick üppig gedeckter Tische mit Meeresfrüchten, Wein und frischem Brot, mit weißen Tellern und sauberem Besteck sind unsere Pfadfinder-Versprechen mit einemmal der Schnee von gestern. Fressen will ich jetzt und saufen, zum Teufel mit »Himalaya-Brot« und Sojakeimkeksen!

Ich nehme vorab Campari-Soda, dann eine Consommé, ein Kraftsüppchen, anschließend gegrillten Fisch mit Kartoffeln und Brechbohnen, dazu eine Flasche Roten, zum Abschluß Mango ohne Sahne. Sahne macht dick, und ein Gewichtsminus von zehn Kilo ist mir angenehm.

Von meinem Fensterplatz aus kann ich den Swimmingpool überblicken. Die beiden Bassot-Schwestern sitzen im knappen Zweiteiler am Beckenrand und hängen die Beine ins Wasser. So sind sie mir lieber als in ihren verdreckten Motorradkombis. Richtig nett sehen sie aus.

Vor der Dämmerung trommelt Thierry die Fahrer zum letzten »Briefing« zusammen, und als er den Seinen nochmals die Größe des morgigen Tages versichert, feuert er im Übermut eine rote Leuchtrakete ab, die über dem »Sahara Beach« eine Parabel beschreibt und irgendwo dahinter niedergeht. Man kümmert sich nicht weiter um den Schuß, läßt sich von den »Africatours«-Damen zum letztenmal das Dinner ins verbeulte Töpfchen klatschen.

Minuten verstreichen, als über dem Hoteldach finsterer

Rauch aufsteigt. Touristen und Rallye-Leute streben in den Hinterhof des Hotels, wo es etwas zu erleben gibt. Die Leuchtrakete hat das Strohdach des Restaurants getroffen und in Brand gesetzt. Gäste sind zum Glück nicht mehr drinnen, weil vor einer knappen Stunde geschlossen wurde. Und nun scharen sich Hunderte um den Swimmingpool, um Brandbekämpfung nach Art des Hauses zu erleben. Es gibt zwar einen Feuerwehrschlauch, aber der ist ohne Wasser. Auch Feuerlöscher werden herbeigeschafft, aber in denen ist nichts, was löschen könnte. Einigen der roten Löschtöpfe entweicht zumindest ein kaum fingerdicker Wasserstrahl. Zwei dunkelhäutige Hotelboys turnen zum Entzücken der Gaffer auf dem lichterloh brennenden Strohdach herum und versuchen, mit Decken die Flammen totzuprügeln. Andere schöpfen mit Eimern Wasser aus dem Swimming- pool und schleudern den Inhalt vom Boden aus aufs Dach, wo nur noch ein paar lächerliche Tropfen ankommen.

Die Zuschauer bleiben von der Panik, die die hilflose Löschtruppe befällt, unbeeindruckt. Ich glaube fast, sie betrachten Sabines Brandstiftung als ein für sie inszeniertes Happening. Ein paar beherzte Touristen wollen gern helfen, können aber nicht, weil sie nicht wissen, w i e. Zum Gau- dium des Publikums fällt einer beinahe vom Dach. Als nur noch verkohlte und schwelende Strohmatten übrig sind, spritzt Wasser aus dem dicken Schlauch, so kann man zumindest verhindern, daß das Restaurant total abbrennt. Ich kann mir einfach nicht erklären, was an dieser Tragödie Komisches zu entdecken sein könnte. Die meisten von ihnen wohnen doch in dem Hotel. Wenn es da mal brennt . . .

Als alles vorbei ist, begutachtet Monsieur Sabine sein Werk. Sonderlich betroffen scheint er nicht zu sein, und willfährig verteilt er Statements an die Presse. Ich dränge mich an die Bar, bestelle ein Bier und möchte es eigentlich in Ruhe trinken. Ich lehne an einer Säule und denke mich in den bayrischen Winter. Als ich schon am Kachelofen sitze, kreischt eine Landsfrau, die unmittelbar vor mir auf einem Barhokker lümmelt: »Also, das war ja 'ne irre Nummer. Wie die beiden Bimbos auf dem brennenden Dach herumgehüpft sind. Zum Totlachen.« Die Frau hat ein fettes Kreuz, das unterhalb der Schulterblätter Würste wirft, und einen breiten Arsch, der über den Rand des Barhockers schwappt. Es wird Zeit, daß wir hier wegkommen.

Hinter meinem Zelt hat Gaston Rahier seine BMW aufgebockt, dicht daneben liegt der Favorit im Schlafsack. Er mißtraut seinen Serviceleuten immer noch, befürchtet, daß sie seine Maschine manipulieren wollen, um Hubert Auriol zum Sieger zu machen. Sein Vorsprung vor dem schönen Hubert beträgt 13 Minuten, das ist eine Menge, wenn auf der letzten Etappe nichts passiert, aber zuwenig, falls Rahiers Motorrad Zicken macht. Gaston ist ein lieber Kerl und ein ausgebuffter Profi obendrein, aber vielleicht sieht er doch schon Gespenster.

Ich verschwinde im Zelt, weil es mir nicht besonders gut geht. Ein Campari, eine Flasche Rotwein und ein Bier sind starker Tobak für meinen Körper, der seit drei Wochen an Entsagung gewöhnt ist. Die grüne Zeltplane über mir scheint zu schweben, schlafen ist im Moment nicht drin, weil mir ziemlich schwindlig ist. Draußen grölen Bierselige, es herrscht Volksfeststimmung. Allmählich beruhigt sich das Zeltdach, und im Halbdämmer fahre ich zum zweitenmal durch Afrika: Algerien, Niger, Obervolta, Elfenbeinküste, Guinea, Senegal, oder: 13mal München — Hamburg, aber ohne Autobahn.

Obwohl das Ziel schon greifbar nahe ist, treiben die Strapazen der Wahnsinns-Rallye seltene Blüten. Günter Knon, der wie jeden Morgen die Ladung auf unserem Brummi festzurrt, kriegt einen Koller. Weil ihm ein nagelneuer Rei-

fen, den wir bereits in Niamey für einen französischen Teilnehmer mitgenommen haben, im Weg liegt, wirft er wütend
das Rad von der Pritsche und läßt es im Gras liegen. Ich
werde davon erst in Dakar erfahren, als der Franzose seinen
Reifen abholen will. Der Umgangston in unserem Team ist
dermaßen ruppig, daß es schwerfällt, an ein Gelingen des
Films zu glauben. Auch meine Ruhe ist längst dahin, und
schrittweise habe ich mich auf Sigi und Günter eingeschos-
sen, sachliche oder gar freundliche Unterhaltung ist nicht
mehr möglich, wir bellen uns an wie drei Hunde, die sich
nicht grün sind. Fast sorgsam pflegen wir unsere Aggressio-
nen und sagen deshalb am liebsten gar nichts.

Ein unheimlich starkes Gefühl

Sali Portudal — Dakar: 169 km

Von Sali Portudal nach Dakar kann man die Teerstraße
benützen. Weil das aber nicht ins Bild der Rallye paßt, hat
Thierry Sabine noch einen »Scratch« eingebaut, dessen
letzte 80 Kilometer von M'Boro am Sandstrand entlang
nach Dakar führen. Peter Welz entscheidet sich für Teer,
weil wir am Ziel sein wollen, bevor die Rallye eintrifft.
Eineinhalb Stunden später sind wir in Yoff, einem Vorort
der senegalesischen Hauptstadt, ganz dicht am Atlantik.
Das Zielband wird bereits aufgebaut, Stricke sind gespannt,
um die Helden vor den begeisterten Zuschauern zu schützen. Sigi installiert die Kamera auf dem Dach unseres Brummis. Ein tiefblauer, wolkenloser Himmel wölbt sich bis zum
Horizont, wo er in der Finsternis des Atlantiks untergeht.
Touristen mehren sich, Devotionalienhändler hoffen auf
guten Absatz von Geschnitztem aus Ebenholz und Elfen-
bein, Eisverkäufer laufen sich warm. Wir sind da, haben es
geschafft! Es ist ein unheimlich starkes Gefühl dazusein.
Eigentlich möchte ich Sigi und Günter die Hand schütteln,
lasse es aber sein, weil ich mich doch lieber allein freue.
»Cadeau! Cadeau!« Kinder, rudelweise, nützen die Gunst
der Stunde, den Freudentaumel der Ankömmlinge. Ich ver-
schenke alles, was mir entbehrlich erscheint: einen Kompaß,
der ohnehin nichts taugt, Kugelschreiber, Taschenlampen-
batterien, »Himalaya-Brot« und Sojakeimkekse, Aufkleber,
die noch in der Kabine liegen, und ein T-Shirt, das mir
immer noch nicht paßt.
Touristen aus Deutschland sind voll der Bewunderung, weil
wir so tolle Kerle sind, und ob wir denn keinen Toten oder
zumindest Verletzte zu beklagen hätten, will einer allen
Ernstes wissen. Ich solle das bitte nicht falsch verstehen.

222

Aber was so in den Zeitungen zu lesen sei, lasse ja ein irres Gemetzel vermuten. Doch, sage ich ihm, es hat auch Tote gegeben. In Niger, Obervolta und an der Elfenbeinküste sind Zuschauer ums Leben gekommen. Na ja, sagt er, da werden die Bimbos halt nicht aufgepaßt haben. Auf sein Hemd ist brustseitig ein lachendes Negergesicht gedruckt, darunter steht: »I like KENYA.«

Nichts hat mehr Eile, und obwohl wir fast drei Stunden auf die Ankunft der Maroden und Maladen warten müssen, wird die Zeit nicht lang. Der Strand ist auf gut zwei Kilometer Länge vollgestopft mit einer bunten, plappernden, geduldigen Menschenmasse. Und dann, endlich, ist ganz weit vorne an einer Landzunge der erste Motorradfahrer in Sicht. Dietmar Beinhauer, der BMW-Teamchef, hißt im Zielraum die Fahne des Münchner Werks. Champagner-Magnum-Flaschen stehen bereit, das Weihwasser der Sieger, in dessen Fontänen sie die hitzigen Fans alsbald zu kühlen trachten. Doch verschämt wird die BMW-Flagge wieder eingeholt, als sich der Erste im Feld dem Ziel nähert. Mirek Kubicek, ein Schweizer, gewinnt die letzte Etappe. Weder Rahier noch Auriol sind in Sicht. Schek, der Allgäuer, kommt als Sechster. Zwar auch eine BMW, aber nicht die, auf die Beinhauer wartet. Véronique Anquetil wird als 13. vom Jubel der Menge ins Ziel getragen. Erst an 29. Stelle plagt sich Gaston Rahier durch das enge Spalier, und nun weht die BMW-Fahne wieder ganz oben. Auriol, nur zweiter Sieger im Gesamtklassement, beendet die Etappe, triefend vor Nässe, als 47. Er war zu dicht am Wasser gefahren, hatte eine Welle erwischt und war kopfüber ins Meer gesegelt. Raymond Loizeaux, der dritte im BMW-Team und ein guter Kamerad, wartete, bis Auriol seine Maschine wieder flott hatte. Gemeinsam fahren sie durchs Ziel.

Für meinen Geschmack ist es unerheblich, wer gewinnt. Daß die perfekt organisierten und mit riesigem finanziellem

Aufwand angetretenen Werkteams den Privatfahrern keine Chance lassen würden, war klar. Ich finde, daß Patrick Vallet auf seiner schmalbrüstigen 125er Yamaha etwas Besonderes verdient hat, vielleicht eine 600er fürs nächste Jahr. Oder Daniel Moquart mit Marc Fèvre im Beiwagen, die als waschechte Privatfahrer mit zusammengebettelten Sponsoren-Francs auskommen mußten. Im Feld der nachrückenden Autos haben sich die Werkteams für den von Fernsehleuten und Fotografen im Bild festgehaltenen Zieleinlauf zurechtdrapiert. Die beiden Porsche von Ickx und Kussmaul vorneweg, dann als kleiner »Schönheitsfehler« im Siegerbild der Opel-»Manta« von Colsoul/Lopes, aber dahinter schon der Sieger René Metge auf Porsche.

Auch die beiden zerknüllten Mercedes-Coupés von Jochen Mass und Albert Pfuhl fahren brav in Reihe hintereinander, damit der Geldgeber, ein dem Motorsport verfallener Herrenausstatter im schwäbischen Metzingen, auch seine Freude hat.

Die Rallye Paris—Dakar ist zu Ende, das heißt, richtig Schluß ist erst, wenn Monsieur Sabine es will. Und der sehnt sich jetzt erst mal nach einem ausgiebigen Bad in der Menge. Der Konvoi zieht nach Dakar, begleitet von einem ohrenbetäubenden Hupkonzert. 53 Motorräder sind noch dabei, 92 Autos und zwölf Brummis. Die von Sabine kalkulierte Ausfallquote von mindestens 50 Prozent hat sich als richtig erwiesen. Der zerschundene Rest sammelt sich auf dem »Place de l'Indépendance« zur offiziellen Begrüßung. Seit Stunden säumen Tausende den Platz, sitzen auf Zäunen oder hängen an den Fassaden von Häusern.

Juan Balestre, Präsident einer der zahlreichen internationalen Motorsport-Organisationen von Gewicht, preist in seiner Laudatio Sabine als den Erschaffer eines gewaltigen Werks im Sinne des Motorsports. Harsche Kritik verteilt er an jene Journalisten, die »kleinmütig, neidisch und hämisch« gegen diese Rallye wettern. Maßgeschneiderter Touristikzirkus mit Militärkapellen und Volkstanzgruppen rundet das Bild. Die Riesensause endet mit der Drohung, daß man sich am Abend zur offiziellen Siegesfeier wiedersehen wird. Aber nicht etwa in Dakar. In Sali Portudal, wo wir schon waren, ist alles für die Fete angerichtet. Den Teufel werd' ich tun! Ich will endlich ins Hotel, möchte duschen, baden, essen, schwimmen, schlafen und nicht mehr wie ein gut erzogener Hund dem eitlen Fatzke aus Le Touquet hinterherdackeln. Aus! Äpfel! Amen!

Der Duftwasserriese Dior hat hundert Journalisten aus Europa einfliegen lassen, die sind heute abend alle nach Sali Portudal geladen, um die staubfreie, geschniegelte Rallye Paris—Dakar zu erleben. Morgen düsen sie wieder zurück nach Paris und werden in ihren Blättern ihre »Eindrücke« von der Rallye niederschreiben. Und morgen wird in Dakar im Beisein des Polizeichefs und anderer Prominenter noch mal eine Siegesfeier stattfinden, im kleinen Kreis mit den Vertretern der Rallye-Sponsoren.

Da kriegen die Gewinner dann endlich auch Geld zu sehen: je 35 000 Francs für die Sieger im Auto- und Motorradklassement, 15 000 Francs für den Zweiten. Am tüchtigsten sahnen Nicole Maitrot und Monique Delannoy ab, die beiden Damen im Mitsubishi-»Pajero«. Für ihren Sieg in der »Marathonwertung« bekommen sie einen Toyota-Geländewagen, und als erster Preis in der Damenwertung gehören ihnen noch zusätzlich 10 000 Francs. Zum Geld gibt es noch reihenweise Pokale, Statuetten und Uhren.

Wir bleiben noch drei Tage in der näheren Umgebung von Dakar, wohnen im Bungalowdorf des Nobelhotels »Méridien«, schlafen in richtigen Betten, essen Fisch und köstliche Früchte, lauter Dinge, die uns wieder auf die Beine helfen. Am vorletzten Tag bringen wir unsere Fahrzeuge nach Dakar, ordnen sie im riesigen Geviert eines Speditionshofs in die langen Reihen der bereits abgestellten Autos und Lastwagen ein. Knapp zwei Monate später werden sie per Schiff in Frankreich eintreffen. Bevor wir in die wartenden Taxis steigen, die uns zum Hotel zurückbringen, werfe ich noch einen Blick auf unseren Brummi. Mit seiner zerknautschten Plastikscheibe sieht er aus, als hätte er tiefe Kummerfalten auf der Stirn, ganz so, als grause ihm schon vor dem nächsten Jahr. Aisha, die Samthäutige, zählt indes schon die Tage bis zur nächsten Rallye. Die Zärtliche, Hingebungsvolle, Ideenreiche — wie sie Kenner preisen — wird auch im kommenden Jahr in der »Piano-Bar« des »Méridien« den Einzug der Helden erwarten. Und jenen, die Lust verspüren, wird sie dann auf ihre Art zeigen, wie man aus Knaben Männer macht.

Epilog

Urlaubsstimmung will im Filmteam auch nach Abschluß der Dreharbeiten nicht so recht aufkommen. Die Differenzen zwischen Welz und Bretzinger werden später in München vor dem Arbeitsgericht bereinigt werden. Eingebettet in die Unwägbarkeiten der Rallye lief vieles ganz anders als geplant. Unter dem Zwang, nicht den Anschluß an das Feld zu verlieren, mußte improvisiert und verändert werden. Der Zeitdruck, persönliche Querelen und technische Pannen machten die Akteure und Techniker kirre. Auch in Dakar, als alles vorbei ist, schwelen die Konflikte weiter, man geht sich aus dem Weg.

Unbeleckt vom Stunk im Team machen sich Heiko Zimmer, Wolfgang Laubl und Hans-Jürgen Ostler mit ihrem Hubschrauber auf den Weg nach München. Drei Tage werden sie unterwegs sein, entlang der westafrikanischen Küste nach Norden. Wenn sie zu Hause sind, werden sie exakt 13 920 Liter Kerosin verflogen haben. Hubschrauberkosten: rund 200 000 Mark, eine ganze Menge bei einem Gesamtbudget von rund 1,4 Millionen Mark. Sascha Disselkamp fliegt, entnervt und keines Abschiedswortes fähig, vor allen anderen allein nach Deutschland zurück. Ich genieße die warmen Tage am Meer, spiele mit Peter Welz Tischtennis oder gehe mit Jost Capito Kokoskuchen essen — das delikate Gebäck wird mir zu Hause sehr fehlen.

Zurück im bayrischen Winter, gehe ich zum zweitenmal an den Start der »Paris—Dakar«, auf der Schreibmaschine. Diese Tortur wird drei Monate dauern, beinahe noch aufreibender und kräftezehrender als beim erstenmal. Aus Hosentaschen und Kofferfächern klaube ich Notizen und Gedächtnisprotokolle zusammen. Hunderte von Fotos liegen auf meinem Tisch, Bilder, die gleichsam die Schönheit Afrikas mit dem Wahnsinn der Rallye verschmelzen. Das

227

Road-Book, die metergenaue Beschreibung der gesamten Strecke von Paris bis Dakar, liegt neben mir und reproduziert die Plackerei ins Arbeitszimmer. Ich studiere den 83er Jahresbericht von »amnesty international« und die Broschüre »Verschwunden in Guinea«, gleichfalls eine »amnesty«-Dokumentation. Von permanenten Verletzungen der Menschenrechte in Niger, Obervolta und vor allem in Guinea ist da die Rede, belegt durch recherchierte Fakten. Auf dem »Place du Peuple« in Conakry waren wir selbst Zeugen der brutalen, menschenverachtenden »Disziplinierungsmaßnahmen« der Exekutive.

Ich will nicht leugnen, daß auch ich über weite Strecken der Faszination der Rallye verfallen bin, ich mag Afrika und fahre nun mal für mein Leben gern Lastwagen. Ich war selig in den Saharanächten, habe sympathische Menschen kennengelernt und war auch eitel genug, mich der Teilnahme an diesem weltweit Aufmerksamkeit erregenden Spektakel zu erfreuen. Aber beim Schreiben, wenn die wiederkehrenden Eindrücke ohne Hast überdacht und in Worte gefaßt werden, wenn man plötzlich Dinge wahrnimmt, die während der Fahrt scheinbar ohne Belang waren, dann dreht sich das Bild. Dann wird die Sahelzone zum Bolzplatz einer Schar ausgelassener Wohlständler, die ein Hindernisrennen zwischen Strohhütten veranstalten, Tote und Verletzte sind einkalkuliert. Befürworter des Wahnsinns sagen: »Aber die Rallye bringt doch auch Devisen ins Land.« Devisen für wen? Für ein paar korrupte Mächtige, die Diesel- und Benzin-Francs in geheimen Kanälen verschwinden lassen? Oder für zumeist europäische Hotelkonzerne, die an Bars und mit Zimmern eine Nacht lang den Reibach machen und Gratiswerbung in TV und Presse bekommen? Oder wer noch? In Afrika gehen jährlich acht Million Menschen an Hunger, Durst und Krankheiten zugrunde, eine Million mehr, als Österreich Einwohner hat! Allein in der Sahelzone sterben

670 000 Menschen pro Jahr, ein Fünftel der Bevölkerung! Vielleicht muß man erst ein Buch schreiben, oder zumindest ein Tagebuch, um eine halbherzige Betrachtungsweise dieses afrikanischen Problems abzuschütteln. Thierry Sabine, Urheber der Rallye Paris—Dakar, macht seinen Profit, tut etwas fürs Ego, mehr ist von ihm nicht zu erwarten. Allein seine Ansprache vor einer halben Million Geknechteter in Conakry legt dafür beredtes Zeugnis ab.

Aber was ist mit den Auto- und Motorradgiganten, die Millionen in die Erprobung ihrer Produkte buttern? Würde es Porsche, M.A.N., Mercedes, Honda oder Mitsubishi an den Rand des Ruins bringen, wenn sie bei der nächsten »Paris—Dakar« je einen Brummi ans Feld anhängen, beladen mit Medikamenten und Lebensmitteln? Mit Beteiligung der Pharmaindustrie und Nahrungsmittelhersteller könnte man dem Benzinspektakel einen humanitären Sinn anheften, nicht als Alibi, sondern als Hilfsaktion für Völker, die im Elend leben. Die internationalen Hilfsorganisationen in Bonn würden eine derartige Aktion mit personellen und organisatorischen Mitteln in die Hand nehmen, sich um die Zusammenstellung der Hilfsgüter kümmern und auch die Verteilung in Afrika organisieren können.

Eine Chance für die Rallye, einiges gutzumachen. Es sei denn, ihr Image vertrüge dies nicht . . .

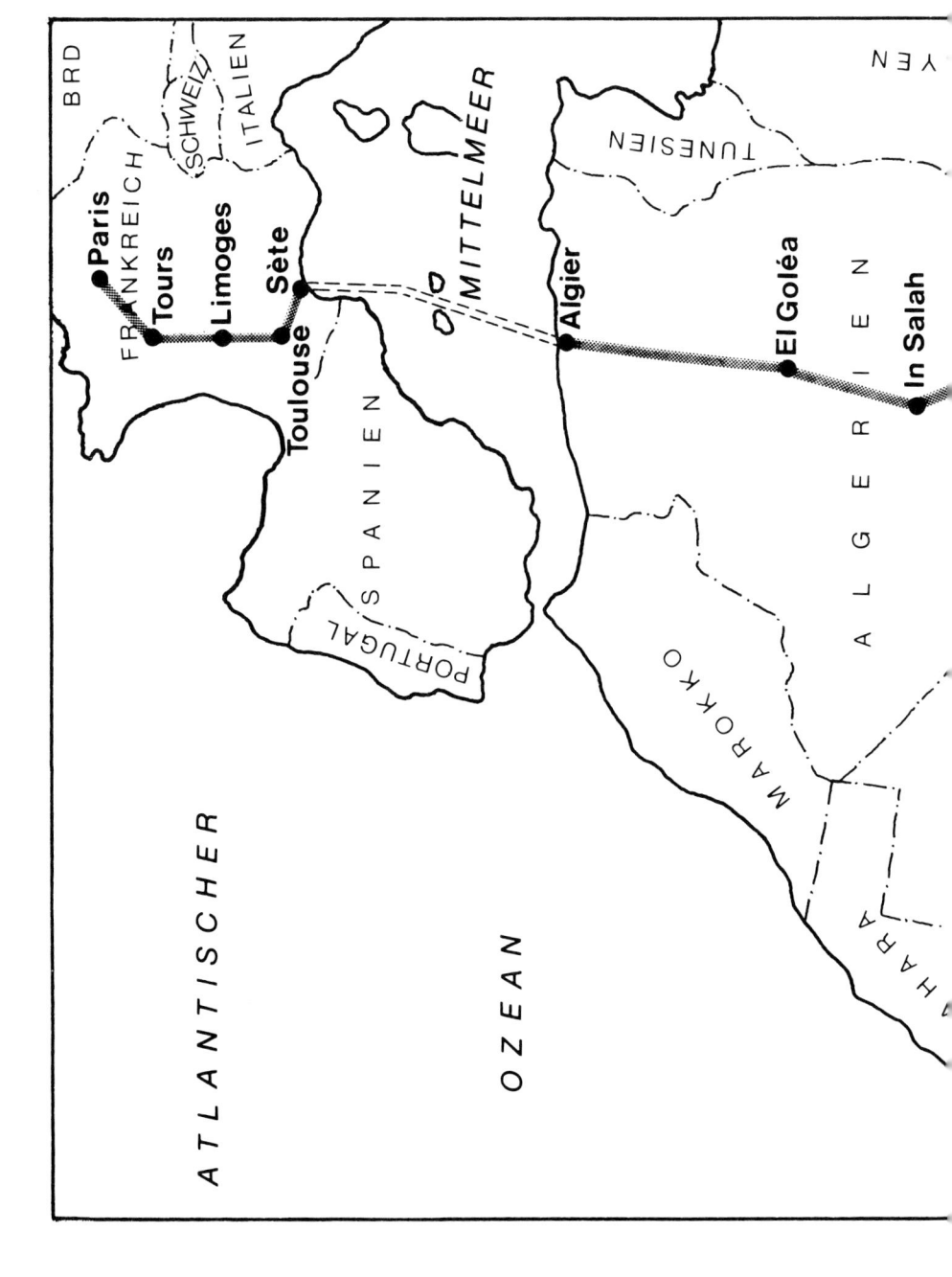

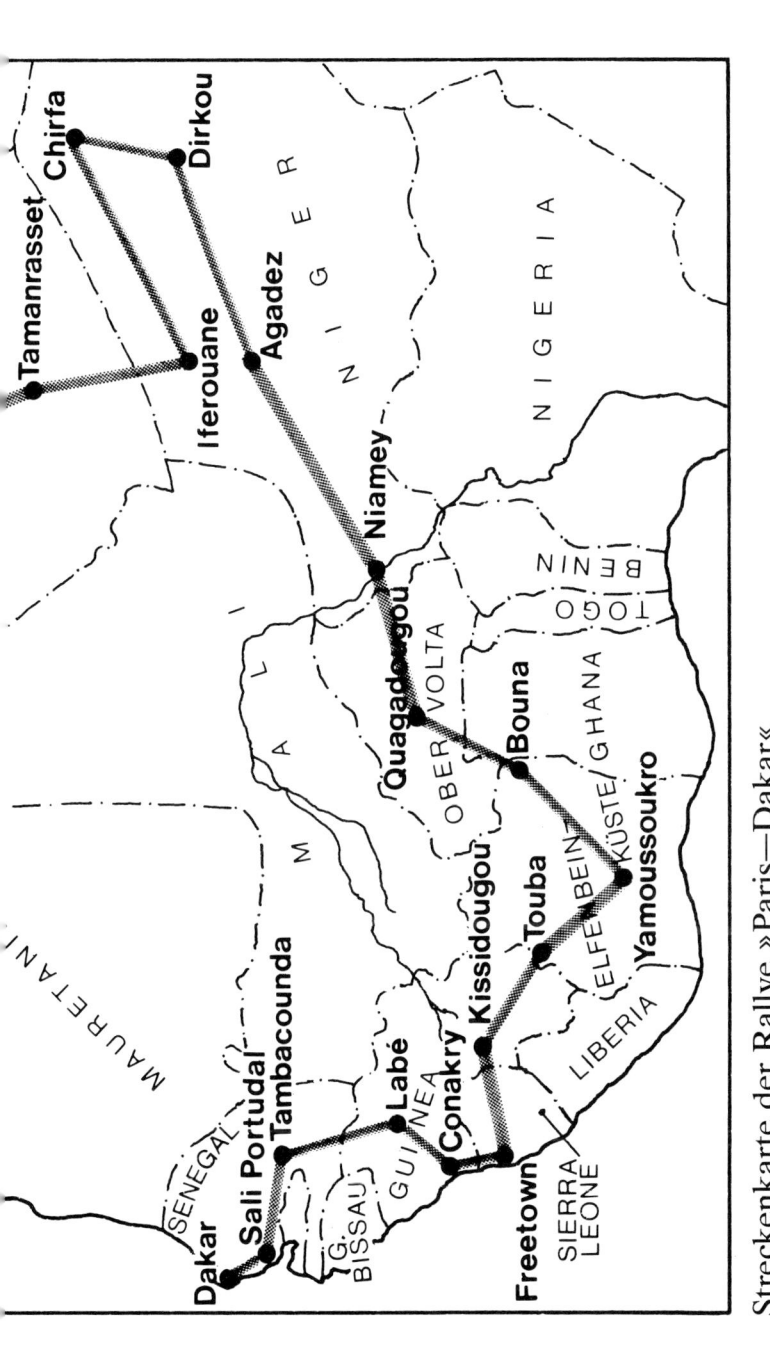

Streckenkarte der Rallye »Paris—Dakar«